"语文素养"
丛书

初读国学
CHUDUGUOXUE

（第四卷）

主　编　闫银夫　苏　轼
编著者　郭瑞炜　郭振华　李胜利　郭玉华　张晓梅　苏　轼

山西出版传媒集团
山西人民出版社

图书在版编目（CIP）数据

初读国学. 第四卷 / 闫银夫，苏轼主编；郭瑞炜等编著. —太原：山西人民出版社，2012.3（2014.10重印）

（语文素养丛书）

ISBN 978-7-203-07604-9

Ⅰ. ①初… Ⅱ. ①闫… ②苏… ③郭… Ⅲ. ①中华文华—小学—课外读物 Ⅳ. ①G624.203

中国版本图书馆 CIP 数据核字（2012）第 022000 号

初读国学·第四卷

主　　编：闫银夫　苏　轼
责任编辑：冯　昭
装帧设计：谢　成
出 版 者：山西出版传媒集团·山西人民出版社
地　　址：太原市建设南路21号
邮　　编：030012
发行营销：0351-4922220　4955996　4956039
　　　　　0351-4922127（传真）　4956038(邮购)
E-mail：sxskcb@163.com　发行部
　　　　sxskcb@126.com　总编室
网　　址：www.sxskcb.com
经 销 者：山西出版传媒集团·山西人民出版社
承 印 者：山西晋财印刷有限公司
开　　本：787mm×960mm　1/16
印　　张：12.5
字　　数：120千字
印　　数：7701-10700 册
版　　次：2012年3月　第1版
印　　次：2014年10月　第3次印刷
书　　号：ISBN 978-7-203-07604-9
定　　价：28.00元

如有印装质量问题请与本社联系调换

序 言

序 言

在故事中感知国学

闫银夫

我们所说的"国学",主要以先秦两汉时期的经典著作为根基,其中有人们熟识的《论语》《诗经》《左传》《庄子》《史记》等,也有人们相对陌生的《孝经》《管子》《礼记》等,这些著作是国学集大成者,代表着中华民族的文化精髓。在中华民族数千年的延续和前行的步履中,它们凝聚着"中国心",燃烧着"中国情",强化着"中国印",坚定着"中国根"。它们是中华民族统一的根基,不变的情怀。

让孩子们较早、较全面地接触这些国学经典,其直接目标是:一、在国学中走进中华历史;二、在国学中熟悉民族文化;三、在国学中传承祖国语言。达成此目标,胸怀中会涌动大我的视野与力量,血脉里会流淌大我的智慧与博爱,而且将贯穿孩子们的一生。

初读国学经典,由于古今表意存在差异,以及时代背景相隔久远,不可避免地会有阅读障碍。怎样化解这种障碍呢?我们在进行市场调研时,第一时间便否定了"原文"加"译注"的图书模式,因为这种形态几乎是把原始文本静态地摆放在孩子们面前,虽可供字面上的浅阅读,却无法帮助孩子们独立地感知文本的内涵。

循着"感知"的思路,我们反复琢磨,深入讨论,群策群力,把突破点最终锁定在"故事"这个载体上。在我们的预期里,"故事"相当于一个强有力的抓手,它与国学经典构成联动模式,从而使阅读难度趋缓,趣味性增强,引领和搀扶孩子们,让他们或独立或在父母的伴读下,不同程度地走进国学经典,在阅读的同时有所感,有所得。

围绕"故事",我们分两步操作:首先,在国学著作中撷取了有积极意义、有阅读价值、有故事因子的近400个重要片段。其次,紧扣原著,配备其背景,编织其过程,丰满其情节,浅显地解读并传达原文的意思;对个别无法直接改编成故事的片段,采用移借的办法,通过相近的故事来辅助释义。这样,孩子们先在故事中了解情节,作了一定的铺垫后,再去对应地阅读原文,这样就获得了"猜读"的资本。"猜读"是国学入门阶段一种有效的学习方式。

书中的"道理"部分,是一处特别的设置。我们从文意中取其一点,提纯为有现代色彩的"道理",让国学经典在不露痕迹中对接现实生活,增添现代价值取向,从而拉近沟通的距离,消除因年代久远而产生的隔膜感。

时下,文化强国已然成为国策,我们应该意识到,领略国学魅力,提升文化素养,重塑孩子心灵,不仅是教育层面的命题,而且是社会范畴的命题。依托这个大背景,我们尝试着迈出一小步,推出了《初读国学》这套丛书。我们希望这项工作有一点点建设性。

2012年1月

目 录

一、勤勉好学
1. 良匠之子 / 002
2. 两种学生 / 004
3. 孔子为何被称颂 / 006
4. 丝线穿珠 / 008
5. 列子学射 / 010
6. 君子勤勉 / 012
7. 孔子谈《易经》 / 014
8. 齐人打猎 / 016

二、谦恭俭朴
1. 举案齐眉 / 020
2. 哀公见周丰 / 022
3. 子罕哭卫士 / 024
4. 农夫报恩 / 026
5. 周朝兴盛 / 028
6. 柳庄谏赏 / 030
7. 火烧成汤 / 032
8. 卫国中兴 / 034
9. 子罕不受宝 / 036
10. 子柳葬母 / 038

三、仁德博爱
1. 一夜十起 / 042
2. 庄公悼士 / 044
3. 汪踦的葬礼 / 046
4. 舜征三苗 / 048

　　　　　5.大禹治水　　　　　　　　　/ 050
　　　　　6.文王爱民　　　　　　　　　/ 052
　　　　　7.孔子叹息　　　　　　　　　/ 054
　　　　　8.子牙作法　　　　　　　　　/ 056
　　　　　9.田亩赋税　　　　　　　　　/ 058
　　　　　10.宓子贱弹琴　　　　　　　 / 060
　　　　　11.无衣　　　　　　　　　　 / 062
　　　　　12.女子返家　　　　　　　　 / 064

四、守节忠职
　　　　　1.卖剑买牛　　　　　　　　　/ 068
　　　　　2.丙吉问牛　　　　　　　　　/ 070
　　　　　3.克己奉公　　　　　　　　　/ 072
　　　　　4.周公辅政　　　　　　　　　/ 074
　　　　　5.许穆夫人　　　　　　　　　/ 076
　　　　　6.至公无私　　　　　　　　　/ 078
　　　　　7.杜蒉罚酒　　　　　　　　　/ 080
　　　　　8.赵文子觅贤主　　　　　　　/ 082
　　　　　9.火烧介子推　　　　　　　　/ 084
　　　　　10.楚文王封苋嘻　　　　　　 / 086

五、忠诚孝敬
　　　　　1.高山流水　　　　　　　　　/ 090
　　　　　2.尧敬贤士　　　　　　　　　/ 092
　　　　　3.管仲荐贤　　　　　　　　　/ 094
　　　　　4.齐桓公伐楚　　　　　　　　/ 096
　　　　　5.孝敬父母　　　　　　　　　/ 098
　　　　　6.鹿乳奉亲　　　　　　　　　/ 100
　　　　　7.不食美味　　　　　　　　　/ 102
　　　　　8.子路背米　　　　　　　　　/ 104
　　　　　9.孝子闵子骞　　　　　　　　/ 106
　　　　　10.劝谏父母　　　　　　　　 / 108

六、讽喻明理
　　　　　1.作舍道旁　　　　　　　　　/ 112
　　　　　2.不食嗟来之食　　　　　　　/ 114
　　　　　3.邻人偷斧　　　　　　　　　/ 116
　　　　　4.齐人夺金　　　　　　　　　/ 118
　　　　　5.树与鹅　　　　　　　　　　/ 120

【目 录】

	6.宋人掘井	/ 122
	7.楚军渡河	/ 124
	8.乌获牵牛	/ 126
	9.闻仲兵败	/ 128
	10.子牙钓鱼	/ 130
	11.鸱鸮	/ 132
七、去旧革新	1.捕捉马鹿	/ 136
	2.商鞅辩论	/ 138
	3.商汤伐桀	/ 140
	4.烽火戏诸侯	/ 142
	5.西狩获麟	/ 144
	6.陈成子弑君	/ 146
	7.五张羊皮	/ 148
八、励志远恶	1.投笔从戎	/ 152
	2.断织励学	/ 154
	3.仆人愚忠	/ 156
	4.齐湣王流亡	/ 158
	5.楚宋讲和	/ 160
	6.荒诞的卫宣公	/ 162
	7.东郭敞贪财	/ 164
	8.信誓旦旦	/ 166
	9.子夏的罪过	/ 168
九、智勇谋略	1.金池汤城	/ 172
	2.城濮之战	/ 174
	3.一鼓作气	/ 176
	4.假道伐虢	/ 178
	5.孙膑用兵	/ 180
	6.展喜犒齐师	/ 182
	7.烛之武退秦师	/ 184
	8.子鱼论战	/ 186
	9.伍子胥败楚	/ 188
	10.秦穆公智擒戎王	/ 190

一、勤勉好学

QINMIANHAOXUE
CHUDUGUOXUE

1. 良匠之子
2. 两种学生
3. 孔子为何被称颂
4. 丝线穿珠
5. 列子学射
6. 君子勤勉
7. 孔子谈《易经》
8. 齐人打猎

1. 良匠之子

故事

俗话说："三百六十行，行行出状元。"指的是无论哪一个行业，只要你做得好、做得精，那也是非常可贵的，但难也就难在这一点上。

这天，齐国著名冶铁工匠赵基的儿子赵二，闷闷不乐地一个人在街市上溜达，刚好碰见了好友宋贤和李业。宋贤见他郁郁寡欢，就问："兄弟心中有什么烦心事吗？怎么这么不开心？"赵二叹了一口气，说："我想继承父业，看来是没有指望了。"

宋贤和李业听他说出这样的话，都很纳闷，说："你父亲是我们齐国赫赫有名的冶铁工匠，怎么会不把技艺传授给你呢？"赵二愤愤地回答道："你们不知道，我父亲不传我冶铁的技术，这样倒还罢了，他竟然让我去学习制作皮衣！你们说可笑不可笑。一个优秀冶匠的儿子，怎么去学做这个呢？还是你们好啊！"

宋贤说："好什么好啊，还不是和你一样。我一心想像父亲那样，成为一个小有名气的弓匠手，就向他学做弓。哪知道他竟让我向隔壁的大叔去学制作簸箕，真是气死我了。"

李业听了他们的话，说："奇怪了，怎么我也和你们差不多。我向父亲学驯马拉车，他只顾自己驾着车子，把我和一匹小马丢在车后面，你们说这叫什么啊！"

赵二和宋贤听了，都笑了，说："我们现在都是'不务正业'啊！既然都这样，肯定有一定的道理的，还是去问问老师吧！"

于是三个人来到老师家里。老师听了他们的一肚子怨气，不禁哈哈大笑，说："你们的父亲是用心良苦啊！这么做是为了让你们能够真正成为一个优秀的事业继承人。你们想想,冶铁与制作皮衣之间、做弓与制作簸箕之间难道没有相通之处吗?我们训练小马的时候,都把小马放在车后,难道不是有其自身的道理吗?你们明白了这一道理,就可以立定求学的志向了。"

三个人恍然大悟,高兴地按照父亲的话去做了,后来他们终于成了冶铁、制弓、驯马行业里的"状元"。

原文

良冶①之子,必学为裘(qiú)②。良弓③之子,必学为箕④。始驾马者反之,车在马前。君子察于此三者,可以有志于学矣。

(《礼记·学记》)

注释

①冶:冶铸金属的工匠。②裘:皮衣。③弓:这里指造弓的匠人。④箕:簸箕。

道理

有时候看似不相关的事物,它们实际上有着一定的相通之处。

2. 两种学生

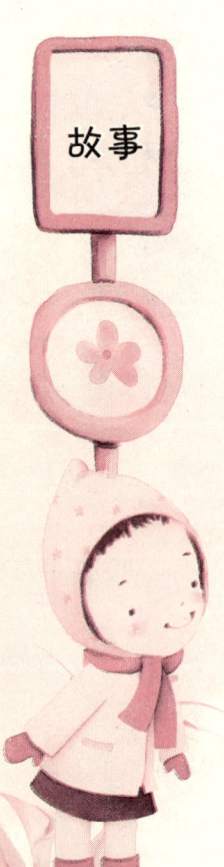

故事

从前,有一位先生收了两个学生:一个叫皇甫善,父母都是耕田的;另一个叫周琪礼,出生于富商家庭。

皇甫善年纪虽小,但很有志气,而且悟性极好,是个善于学习的人。只要不懂的地方,他就向先生提问。他学习就像加工处理坚硬的木材一样,先从容易处理的地方下手,然后再对付节疤和纹理这些坚硬不顺的地方。时间一长,问题就愉快地得到解决了。而且先生传授他的知识和道理,他总是能举一反三、触类旁通,虽然先生教他的时候很是省心,但皇甫善的学问却大有长进。当有人夸奖他的时候,他都谦虚地归功于老师。

可是,先生教周琪礼的时候,却不那么省心安逸了。周琪礼学习的时候,只会死记硬背,从来不思考,也从不主动问问题。先生传授的知识他能掌握一半就很了不起了,更不用说教给他的道理了。为了让周琪礼的学业有所长进,先生费心费力、苦口婆心,甚至腾出时间单独辅导他,结果还是收效甚微。

看着皇甫善的知识学问不断长进,不时受到先生的夸奖,周琪礼心里很不是滋味,背后不知说了多少埋怨的话。

不久,周琪礼的父亲见儿子的学问没什么长进,加上周琪礼又老说先生的不好,于是就认定先生的教学方法有问题,便挺着肥肥的肚子,盛气凌人地来私塾责问。先生想为自己辩解,但又不知从何说起,总不能说人家儿子笨吧。正尴尬(gāngà)的时候,一旁读书的皇甫善站了起来,为先生辩解道:"我们的先生教学有方啊!学生好比是一口钟,先生好比是敲钟的人。轻轻地敲钟声较小,重重地敲则响声很大,只有敲钟的人从容不迫,才能使钟声余韵悠扬。先生敲我这口钟的时候,角度和分寸都掌握得很好,所以我才能在先生这里学到知识和道理。老师和学生之间配合默契,这不是增进学问的最好方法吗?既然敲钟人没有问题,那肯定就是钟的问题了。所以,请您不要责怪先生了。"

皇甫善句句在理,说得周琪礼的父亲瞠目结舌,他没想到今天竟然被一个小孩童"教训"了。

原文

善学者,师逸而功倍,又从而庸①之。不善学者,师勤而功半,又从而怨之。善问者如攻坚木,先其易者,后其节目②,及其久也,相说③以解。不善问者反此。善待问者如撞钟,叩之以小者则小鸣,叩之以大者则大鸣,待其从容,然后尽其声④。不善答问者反此。此皆进学之道也。

(《礼记·学记》)

注释

①庸:归功。②节目:树木节疤和纹理不顺的地方。③说:通"悦",愉悦。④待其从容,然后尽其声:意思是只有敲钟的人从容不迫,才能使钟声余韵悠扬。

道理

对待学习应该有一种谦虚的心态,不应该把自己的不足归咎于他人。

3. 孔子为何被称颂

故事

孔子的弟子子贡曾经问孔子:"后代将会用什么样的话语来称道您呢?"孔子说:"我哪里有什么值得称道的呢?如果一定要说的话,那就是喜欢学习而不知道满足,勤于教诲而不知道疲倦,仅此而已。"

孔子30岁的时候,开始收徒授学。他的办学方针、教学方法深受学生的欢迎。投到他门下的学生越来越多,就连一些鲁国的贵族也把子女送到孔子这里来,孔子也成为远近闻名的名人。但孔子经常深深感到自己知识的不足,他非常渴望能有机会向别人学习,充实自己。这时,大思想家老子正在东周的都城洛阳任守藏室之吏。老子是个知识非常渊博的人,孔子一向非常仰慕他,一直想当面向老子请教。

孔子的学生南宫敬叔的父亲是鲁国大夫孟僖子,他看到孔子迫切地想向老子求教,就向鲁昭公建议,自己和孔子一起到洛阳观光,鲁昭公同意了。得到了这次机会,孔子兴奋地带着几个弟子和礼物,坐着马车来到了洛阳。

孔子到了洛阳以后,第一件事就是拜见老子。他来到老子家门前的时候,老子已经站在门口等候了。孔子慌忙从车上跳下来,双手捧着一只大雁,恭恭敬敬地送给老子。按照当时的礼节,奉送大雁,是对有学识的人表示最崇高的敬意。高龄的老子看到三十多岁的孔子言谈举止如此得体,心里非常喜欢,就对孔子说:"我听说,有钱的人交朋友,往往是以钱财送朋友;有学问的人交朋友,往往要送人几句良言,我就送你几句话吧。"孔子说:"老师的话比任何财物都更宝贵呀!"老子的话大意就是:一、古人的东西可以学习,但不可看得太死;二、一个人的事业是否能够成功,既要有个人的努力,还要看他是否生的逢时;三、有极高修养的人,他的聪明才智一般是不外露的。最后,老子对孔子说:"记住,去掉骄傲,去掉贪恋,去掉架子,对你今后是有好处的。"孔子这次来洛阳,思想上受益匪浅。儒、道不同路,但孔子常说老子是他的老师。

孔子不仅向老子这样的思想大家学习,凡是有一技之长的,孔子都虚心地拜他们为师,所以史称孔子学无常师。孔子的老师有郯(Tán)子、苌弘(Chánghóng)等,甚至传说有个七岁的小孩项讬(tuō),也做过孔子的老师。

原文

故子贡问孔子曰:"后世将何以称夫子?"孔子曰:"吾何足以称哉?勿已者,则好学而不厌①,好教而不倦②,其惟此邪!"

(《吕氏春秋·孟夏纪·尊师》)

注释

①厌:厌倦。②倦:疲倦。

道理

一个人的学习没有止境,要谦恭地向周围比自己知识丰富的人学习。

4. 丝线穿珠

故事

　　一日,孔子一行在陈国朝廷上拜见了陈国国君。就在孔子刚刚开口要向陈君陈述他的政治主张时,陈君打断了孔子的话,说:"不慌,不慌,孔老先生,我听说您很有学问,想必您一定也是才智过人的。我现在遇到了一个难题,想麻烦您帮忙解决一下,不知可否?"孔子忙说:"大王请讲,我会尽力而为的。""我这里有一颗珠子,一根丝线,想请您想个办法,怎么能让丝线穿过这颗珠子呢?"这是一颗九曲明珠,就是在珠子中间的小孔弯弯曲曲拐了九道弯。孔子当下就明白了,这是陈君有意在考验自己,于是对陈君说:"请大王给我两天的时间,我会想办法穿上的。"

　　回到驿馆后,孔子师徒冥(míng)想苦思,怎么也想不出好办法。忽然,孔子说:"你们还记得我们前天来的时候,路过一片桑林时遇到的那位采桑姑娘吗?""记得。""当时我看到一片茂密的桑林,就顺口来了一句'南枝窈窕北枝长'。没想到,一个采桑姑娘接着说了一句'夫子行陈必断粮'。还说,'九曲明珠穿不过,回来问我采桑娘。'"

　　于是子贡飞奔来到路过的桑林,可找不见采桑姑娘的踪影。正当子贡一筹莫展的时候,子贡看到在两棵桑树之间有一堆新堆起来的土,在这堆土不远处又有三堆新土,子贡立刻明白这其中的暗示:"桑是木,木旁堆土,木、土不是指杜吗?这个姑娘姓杜。旁边三堆土,说明排行第三,说不定就叫杜三娘。"子贡向路过的樵夫打听:"附近可有一个叫杜三娘的?""有。过了小桥往北走,你一问姓杜的就是她家。"子贡按樵夫的指点来到姑娘家门前,一敲门,出来开门的正是那位姑娘。姑娘一看子贡,就说:"我知道你们一定会来找我的。用丝线穿九曲明珠的方法,我们这里的大人小孩都会。""怎么穿呢?"子贡问道。姑娘说:"这其实一点也不难。先把丝线抹上油,这样丝线就光滑了,然后把丝线绑在蚂蚁的腰上,让蚂蚁往小孔里钻,但一定要注意把线绑结实。如果蚂蚁不肯爬,你就用烟熏,这样就不愁这根丝线穿不过珠子了。"子贡听了姑娘的话,十分高兴,连忙赶回去告诉了孔子。

孔子师徒连夜如法炮制,终于使丝线穿过了珠子。

原文

善学者,若齐王之食鸡也,必食其跖(zhí)①数千而后足;虽不足,犹若有跖。物固莫不有长,莫不有短。人亦然。故善学者,假②人之长以补其短。

(《吕氏春秋·孟夏纪第四·用众》)

注释

①跖:脚掌。②假:假借。

这段原文的意思是:善于学习的人,就像齐王吃鸡一样,一定要吃几千个鸡脚掌才会满足,如果还不够,仍有鸡脚掌随时可以取用。事物本来无不有长处,无不有短处。人也是一样。所以善于学习的人,能取别人的长处来弥补自己的短处。

道理

每个人都有自己的长处,我们要不断学习别人的长处来提高自己。

5. 列子学射

故事

列子第一次学射箭,他拿起弓,对准箭靶,将箭射了出去,结果竟然射中了。列子非常高兴,以为自己具有射箭的天分,心想,射箭也不过如此简单。于是就向关尹子讲起此事:"射箭很简单嘛!我怎么第一次射箭就射中了呢?这其中有没有什么诀窍?"关尹子笑着说:"做什么事情都没有那么简单的。你知道你射中靶心的方法吗?"列子摇摇头说:"不知道。"关尹子说:"这样射箭不行,你只是运气好,凑巧射中了而已,你还是回去继续练习吧!"于是,列子只好悻(xìng)悻地回去了。

回去后,列子开始发愤练习射箭,希望自己能找到射箭的奥秘,练箭达到了废寝忘食的地步。

三年后,列子再次拜访关尹子。两人几年没见,见面后非常高兴,谈笑风生。谈论间,列子又向关尹子讲起了自己几年来射箭的过程。关尹子关切地问他:"你知道射中靶心的方法了吗?"列子摸着胡须,含笑地说:"知道了!经过这几年的苦练,总算掌握了射箭的技巧,原来也是有规律可循的。"关尹子说:"很好,好好练习把握这个技巧,不要让它荒废了。不光是射箭,治国修身也是这样,都有规律可遵循,也有技巧可掌握的。所以圣人不关心结果,而注重了解清楚整个过程。"

列子若有所悟地点点头,和关尹子的手紧紧地握在了一起。

原文

子列子①常②射中矣,请之于关尹子。关尹子曰:"知子之所以中乎?"答曰:"弗③知也。"关尹子曰:"未可。"退而习之三年,又请。关尹子曰:"子知子之所以中乎?"子列子曰:"知之矣。"关尹子曰:"可矣,守而勿④失。"

(《吕氏春秋·季秋纪第九·审己》)

【勤勉好学】

注释

①列子:列御寇,战国时郑国人。②常:通"尝",曾经。③弗:不。④勿:不要。

道理

万事万物都是有着一定的规律,发现规律需要用心,需要不断地研习。

6. 君子勤勉

故事

公元前一千多年的殷商时期,纣王当政,民不聊生。西伯侯姬昌(周文王)将封地——周建设得非常强大,居民安居乐业,路不拾遗,夜不闭户。商纣王害怕周的强大危及殷商政权,便找借口诬蔑姬昌企图谋反,把他囚禁在羑(Yǒu)里(位于今河南汤阴县北),这也是中国历史上有文字记载的最早的国家监狱。

姬昌在被囚禁期间,没有抱怨,没有愤怒,而是利用这个难得的清净机会认真研究卦(guà)象。他从早到晚,一直勤勤恳恳,认真学习,心静如水。即使这样,商纣王仍对他不放心,害怕他与自己对抗,于是想方设法谋害他。

姬昌的大儿子伯邑考被商纣王杀害之后,残忍的商纣王把伯邑考的尸体剁成了肉酱,作成肉饼,逼迫不明真相的姬昌吃下,并嘲笑姬昌连虎狼都不如,因为虎狼都不会吞食自己的孩子。姬昌心痛难忍,肠胃翻滚,把肚里的东西吐了出来,吐了一个大堆!这就是保存至今的"吐儿冢(zhǒng)"。

尽管姬昌身陷囚笼,蒙受丧子之痛,但还是认真地整理着散乱的资料,把全部的精力用在研究卦象上。他也期盼着有朝一日,有个明君来治理天下,不让天下百姓受苦。经历了七年的牢狱之苦,商纣王对姬昌的防范之心慢慢减轻,姬昌终于得见天日,回到了阔别已久的家乡。

牢狱生活让周文王姬昌成就了《周易》这么一部伟大的著作,也为他再次以宽厚仁和治理天下打下了坚实的基础。

勤勉好学

原文

君子①终日乾(qián)乾②,夕惕(tì)③若厉④,无咎(jiù)⑤。

《易经·乾》

注释 ①君子:道德高尚的人。②乾乾:勤奋不懈。③惕:小心谨慎。④厉:危害。⑤咎:灾患。

道理 要想取得成功,必须要牢牢把握并充分利用生命中的每一分钟。

7. 孔子谈《易经》

故事

《易经》在很多人看来就是一本讲卜筮(shì)的书,讲的是八卦。孔子是不信卦的,也不赞同人们去占卜。但他在晚年,最喜爱的书就是《易经》。他总是把《易经》放在卧席上,一有机会就拿出来阅读,由于这样天天翻看,以至于多次把系简的皮绳都弄断了。

孔子也经常与学生谈论《易经》,研究《易经》中的智慧。有学生问孔子:"周文王是一个国君,为什么还要相信占卜之类的东西呢?"

孔子对学生说:"周文王其实是最讲仁义的,他不得志,就无法实现自己的宏图大志。商纣王无道,周文王只好在表面上说自己的《易经》是用来卜筮吉凶的,实际上他把自己对仁义的理解藏于其中。后世的很多人其实并没有理解其中的意蕴。贤君明主是不搞卜筮就能知道吉凶的,因为他们遵循天地的自然规律。"

孔子看到大家专注地听着,就继续说道:"其实,《易经》中有天道,但用日月星辰不能完全概括,而用阴阳来表述。《易经》中有地道,但用金木水火土不能完全概括,而用刚柔表述。《易经》中有人道,但用父子、君臣、夫妇、先后不能完全概括,而用上下表述。《易经》反映四时变化,但万物名称不能表述,而用八卦表述。《易经》之所以称'易',是因为一些概念不能概括天道、地道、人道、易道,而以变化的原理来表述。"

智慧需到崇高的境地,崇高效法天道;礼节自谦卑入手,谦卑效法地道。天地之道,便是道义产生的基石。所以真正有智慧的人是在《易经》里寻找品德仁义。

勤勉好学

原文

子曰:"易其至矣乎①!"夫易,圣人②所以崇德而广业③也。知④崇⑤礼卑,崇效天,卑法地,天地设位,而易行其中矣。成性存存,道义之门。

(《易经·系辞上传·第七章》)

注释

①易其至矣乎:易是最高的学问。②圣人:德高望重,有大智慧,已达到人类最高最完美境界的人。③崇德而广业:易是圣人崇德而壮大事业的学问,并非空洞文辞,是有具体方法的。④知:通"智",智慧。⑤崇:崇高。

道理

阅读国学经典,走近古代贤哲,能够获得丰富的人生智慧。

8. 齐人打猎

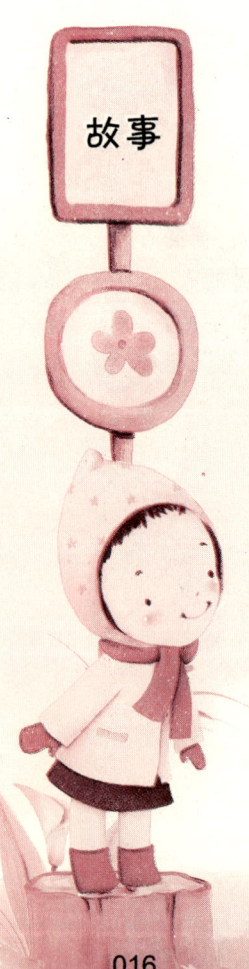

齐国有一个人,家里很穷,却十分喜好打猎。他常常背着弓,牵着猎狗,跟随别的猎人进入山林打猎,但是荒废了很长时日也没有猎到野兽。和他同去的猎人却"战果"累累:有的手里提着野鸡,有的背着野兔,有的肩上扛着獐子,还有的甚至打到了凶猛的野猪,只有他自己每一次都是空手而归,每一次都是眼巴巴地看着别人有说有笑带着"战利品"下山。

他觉得这是一种耻辱,在家愧对家人,在外愧对邻里朋友。于是,再和别人出去的时候,他就细心观察,不多久就琢磨出自己猎获不到野兽的原因:原来是自己的猎狗不好。他看着自己的猎狗,确实老了些,背上的毛都掉了,牙齿也不齐了,跑一段路就上气不接下气。他决定换一条好猎狗,可是家里穷得叮当响,根本没有多余的钱买。

于是他收起了弓,决定先在家奋力耕作。春天的时候,他精心播下种子。庄稼透出嫩芽的时候,他一丝不苟地培土、施肥。天气干旱的时候,别人害怕恶毒的太阳都不敢出门,而他却顶着日晒用瓢为庄稼浇水。春耕秋收,在他的辛劳下,他种的庄稼每年都获得了好收成。几年下来,他家积蓄的粮食就非常充足了。他把家里吃不完的粮食拿到市场上去卖了,积攒了不少钱。

猎人看见家里变得富足了,就买了一条上好的猎狗。之后他和别人一同去打猎的时候,收获总能比别人多。

原文

齐人有好猎者，旷日持久①而不得兽，入则愧其家室，出则愧其知友州里。惟②其所以不得之故，则狗恶③也。欲得良狗，则家贫无以。于是还疾④耕。疾耕则家富，家富则有以求良狗，狗良则数得兽矣，田猎之获常过人⑤矣。

（《吕氏春秋·不苟论第四·贵当》）

勤勉好学

注释

①旷日持久：多费时日，拖得很久。②惟：思考。③恶：指狗不好。④疾：急速，这里引申为奋发。⑤过人：超过别人。

道理

要善于发现问题，更要务实地去解决问题。

二、谦恭简朴

QIANGONGJIANPU
CHUDUGUOXUE

1、举案齐眉

2、哀公见周丰

3、子罕哭卫士

4、农夫报恩

5、周朝兴盛

6、柳庄谏赏

7、火烧成汤

8、卫国中兴

9、子罕不受宝

10、子柳葬母

1. 举案齐眉

故事

东汉初年,有一位隐士名叫梁鸿,字伯鸾(luán),他家里虽穷,可他崇尚气节。

他曾进太学学习,学业结束后,就开始养猪。一天,因为不小心,他家的房子着了火,还延及周围的邻居。梁鸿就一家一家去查问他们所遭受的损失,并以猪来作为赔偿。

有一家人嫌赔得太少,梁鸿说:"我没有别的财物,愿意为你家做工来补偿。"那家主人同意了梁鸿的意见。梁鸿在这家干活时,勤勤恳恳,毫无怨言。邻居们见此情景,就联合起来指责那家主人,斥责他不该如此对待梁鸿。那家主人也开始对梁鸿肃然起敬,还将梁鸿所赔偿的猪全数归还了他。

人们仰慕梁鸿的高尚品格,都想把自己的女儿嫁给他,被他一一谢绝了。与他同县的一位孟氏有一个女儿,名叫孟光,长得又黑又胖又丑,但力气很大,能把石磨轻易地举起来,平时说话高声大语,做事不拘细节,是一位傻大姐。孟光平日衣着朴素,从不精心打扮,年纪到了30岁还没有出嫁。父母催她,她却说:"我要嫁就嫁像梁伯鸾一样贤德的人。"

梁鸿听说后,颇为感动,就下了娉(pìn)礼,娶孟光为妻。婚后,他们一道到霸陵山深处隐居,过着男耕女织的生活,闲暇时或吟咏诗书,或弹琴自娱。

后来,他们为了躲避官府征召梁鸿为官,便到了吴地,住在名士皋(Gāo)伯通家的廊檐下面。为了生活,梁鸿每日要为别人舂米,舂米归来,孟光都会把早已做好的饭菜用碗盛着放在托盘上,恭恭敬敬地送到丈夫面前,为了表示对丈夫的尊敬,妻子不敢仰视丈夫的脸,总是将托盘举高至额眉处,而梁鸿也总是彬彬有礼地用双手接过盘子。

一天,这情景被皋伯通看见了,皋伯通心想:"一个做工的佣人能够让他的妻子如此尊敬,此人一定不是平凡之人。"于是,他立即把梁鸿全家迁入他的宅中居住,并结为挚友,还供给他们衣食。从此,梁鸿便有了著书立说的机会。

【谦恭简朴】

原文

为人赁(lìn)①舂(chōng)②,每归,妻为具③食,不敢于鸿前仰视,举案齐眉④。

(《后汉书·逸民列传第七十三》)

注释

①赁:给人做雇工。②舂:把谷物的壳捣掉。③具:准备。④举案齐眉:送饭时把托盘举得跟眉毛一样高,后形容夫妻互相尊敬。

道理

在生活中,举止言辞是自身修养的一种体现。

2. 哀公见周丰

故事

鲁国城郊住着一个老者,叫周丰。他见识丰富,博古通今,推崇上古尧舜禹时代的教化和淳朴的民风,对当时政治动荡不安、统治者昏庸腐败的社会现实很不满。有很多次官府请他去做官,都被他拒绝了。

鲁国的国君鲁哀公听说了周丰这个人,了解到他的才能和修养后,决定带上厚重的见面礼亲自去拜访他,向他请教治国治民的道理。哀公先把见面礼送了进去,不久,门人就拿着礼物出来了,说:"我们家先生不见您。"哀公脸上露出尴尬的神色,但也无可奈何,只好失望地回去了。

回到宫中,哀公耿耿于怀,踱着步子自言自语道:"我难道就这样算了吗?不能啊!"哀公于是又派使者去请教周丰。这次,周丰见了使者。使者恭敬地问周丰:"虞舜没有对百姓进行信任道义方面的教化,而百姓却相信他;夏禹没有对百姓进行诚信尊敬方面的教化,而百姓却敬重他。那么,要施行怎样的教化才能得到百姓的信任和敬重呢?"

周丰回答说:"站在先民的废墟上和祖先的坟墓前,没有人教百姓悲哀,而百姓却自然地流露出悲哀的神色;站在祭祀天地和祖先社稷的宗庙里,没有人教百姓敬重,百姓自然地表现出肃敬的态度。商代统治者用誓言来约束百姓,而百姓却学会了背叛;周代的统治者举行盟会来团结民众,而民众却生发了疑心。如果统治者自己不用一颗礼仪、忠信、诚实的心去管理百姓,即使能够用誓言和盟会使百姓一时安定团结,但最终民众又怎能不离散呢?"

使者将周丰的话禀告给鲁哀公,鲁哀公信服地连连点头。

谦恭简朴

原文

鲁人有周丰也者,哀公执挚①请见之。而曰:"不可。"公曰:"我其已夫?"使人问焉。曰:"有虞氏未施信于民而民信之,夏后氏未施敬于民而民敬之,何施而得斯②于民也?"对曰:"墟(xū)墓之间,未施哀于民而民哀;社稷宗庙之中,未施敬于民而民敬。殷人作誓而民始畔③,周人作会④而民始疑。苟无礼仪忠信诚悫(què)⑤之心以莅(lì)之,虽固结⑥之,民其不解⑦乎?"

(《礼记·檀弓下》)

注释

①挚:通"贽",古人相见时所带的见面礼。②斯:此。这里指代信任和尊敬。③畔:通"叛",反叛。④作会:举行盟会。⑤悫:质朴。⑥固结:安定团结。⑦解:离散。

道理

要想别人按照自己所要求的那样去做,只有自己率先做出良好的示范,别人才可能去效仿。

3. 子罕哭卫士

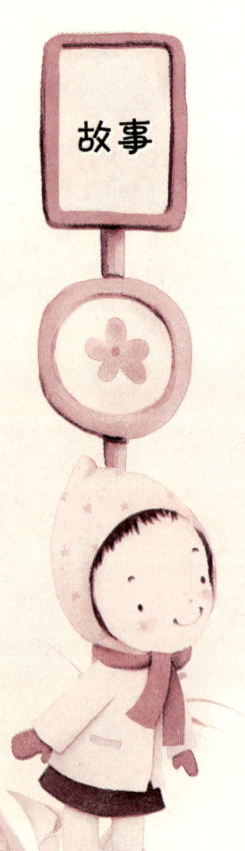

故事

子罕是春秋时宋国的一位贤明的大夫,他帮助国君做了不少顺应民心的事。

有一年,宋国发生饥荒,他就把自家的粮食借给百姓,并且不写收据,不要求别人归还。所以,那一年宋国人没有挨饿。晋国的叔向听说此事,高度赞扬他说:"宋国子罕的家族一定会长盛不衰的,他将与宋国共存亡,这是民心所向啊!"

当时,宋国有一座城门叫阳门。有一天,阳门的一个卫士死了。那时,子罕担任司城。他听说这件事,当天就穿着素服、乘着马车进城,来到正办丧事的卫士家里为他哀悼。卫士的家人见朝廷的官员亲自来吊丧,一时不知所措,等明白过来,急忙为子罕端茶递水,说了很多感激的话。但子罕好像没有听见一样,径直走到卫士的棺椁(guǒ)前,痛哭起来,哭得很悲哀。卫士家的邻居们都前来观看,很多人都露出了敬重的神色。

那时的晋国对宋国虎视眈(dān)眈,一直在谋划攻打宋国,并在宋国安插了密探,来窥视宋国国内的一举一动。晋国的密探听说了子罕为阳门的卫士吊丧的事情,就立刻回国向晋侯报告,说:"宋国阳门的一个卫士死了,而子罕为他哭得很伤心。百姓都被他感动了,民心振奋,恐怕现在还不能去攻打他们啊!"

孔子也听说了这件事,说:"这个刺探情报的人,真是善于探察国情啊!《诗经》里说:'凡是人民有了丧事,都要尽力去帮助他们。'不仅仅是晋国,天下哪个国家敢和同心协力的宋国作对为敌呢?"

原文

　　阳门之介夫①死,司城子罕入而哭之哀。晋人之觇(chān)②宋者,反报于晋侯曰:"阳门之介夫死,而子罕哭之哀,而民说③,殆④不可伐也!"

　　孔子闻之,曰:"善哉,觇国乎!《诗》云:'凡民有丧,扶服⑤救之。'虽微晋而已⑥,天下其孰能当之!"

（《礼记·檀弓下》）

谦恭简朴

注释

①介夫:卫士。②觇:窥视,观测。③说:通"悦",高兴。④殆:大概,恐怕。⑤扶服:同"匍匐",爬行。这里指尽力的意思。⑥虽微晋而已:不仅仅是晋国。微,非,不是。

道理

　　平凡小事中蕴含着民心民意,有时它能起大作用,甚至决定成败。

4. 农夫报恩

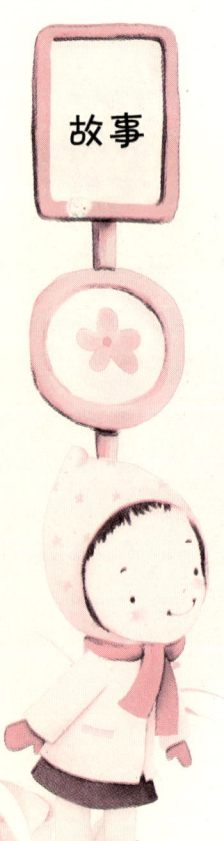

故事

有一天,秦穆公乘马出行,走着走着,突然马车出现了故障,右侧驾辕的马也脱缰逃跑了。秦穆公到处找啊找,最终在岐山的南面找到了马。原来,这匹马被一群农夫抓住了,他们正在津津有味地分食马肉呢。这时,一位大臣怒气冲天,要把这些农民都抓起来拉回去审问,但秦穆公微笑着阻止了这位大臣,也没有去责怪这些吃掉他的爱马的农民,只是叹息道:"一匹马哪里有这么多农民的生命更珍贵,他们也是生活所迫!吃了骏马的肉如果不马上喝酒的话,恐怕马肉会伤了他们的身体。"于是,秦穆公派人返回到马车上,拿来了好酒,看着农民们一一喝了酒,他才放心地离开了。

过了一年,秦晋在韩原(今山西河津与万荣之间的黄河东岸)展开激战。晋国的士兵把秦穆公的马车包围了,晋国大夫梁由靡已抓住了秦穆公马车左边的马,秦穆公的七层铠甲又被晋军刺穿了六层,情况十分危急。就在这千钧一发之际,曾在岐山之南分食秦穆公马肉的三百多农民赶来了,他们冒死与晋军展开厮杀。晋军目瞪口呆,不知是从哪里掉下来的天兵天将。在晋军还没有回过神来之时,在这些英勇的农民的帮助下,秦军反而大胜晋军。晋惠公因战车陷入泥泞之中无法行动,被秦军俘获,晋军失去主帅,全军溃败。

同年底,秦晋议和。秦穆公与晋大夫阴饴甥盟于王城(今陕西大荔东)。晋割让其河西之地给秦,秦释放惠公归国。

原文

谦恭简朴

昔者，秦缪(mù)公①乘马而车为败②，右服③失而野人④取之。缪公自往求之，见野人方将食之于岐山之阳。缪公叹曰："食骏马之肉而不饮酒，余恐其伤女⑤也。"于是遍饮而去。处一年，为韩原之战。晋人已环缪公之车矣，晋梁由靡⑥已扣缪公之左骖(cān)⑦矣，晋惠公之右路石奋⑧投而击缪公之甲，中之者已六札矣。野人之尝食马肉于岐山之阳者三百有余人，毕力为缪公疾斗于车下，遂大克晋，反获惠公以归。

（《吕氏春秋·仲秋纪第八·爱士》）

注释

①秦缪公：春秋诸侯秦成公的弟弟，名叫任好，继承成公而即君位。秦缪公又作"秦穆公"。②败：指车坏。③右服：右侧驾辕的马。④野人：此指农夫。⑤女：通"汝"，你。⑥梁由靡：晋国将领。⑦骖：古代驾在车前两侧的马。⑧石奋：晋国将领。

道理

如果能够设身处地地体谅他人，宽恕别人无意间犯下的过错，别人一定会有所回报的。

5. 周朝兴盛

故事

商朝末年,纣王昏庸暴政,民不聊生,各诸侯国多有叛心。在众多诸侯国中,有一国地处西部(即今陕西西安附近)名叫周。周国的远祖名叫弃,曾在尧舜时代做过主管农业的官职——稷(jì)。后来人们就称弃为后稷。"后"是尊敬的意思。因后稷教民耕作有功,被封于有邰(Tái,今中国陕西省武功县西南)。帝舜去世后,大禹即位进入夏朝,后稷的子孙继续任稷。大禹去世后,夏朝的政治衰落,后稷的子孙们迁徙他处,经夏、商两代几次迁移,在岐山附近安定下来,改国名为周。

周国建立不久,迅速发展成一个远近闻名的诸侯国。周文王笃行仁政,礼贤下士,国风纯朴。周文王去世后,其子周武王继位。这时候的商纣王更加荒淫暴虐,残害忠臣,不理朝政,作酒池肉林,使男女裸体相逐,日夜纵酒为乐。周武王率八百诸侯讨伐商纣王,商朝军队纷纷倒戈相迎。商纣王见大势已去,赴火自焚而死。周武王毫不费力推翻了商朝,建立了周朝。

周武王建周以后,大封功臣谋士,以加强对各地的统治。周武王死后,其子"诵"继位,为成王。当时天下初定,周成王又年少,周公恐怕诸侯不服,以王叔身份摄政。周成王的另外几个叔叔不服,与殷纣之子武庚勾结,发动叛乱。周公毅然率兵东征,平定了叛乱。为了加强对东方的统治,周公奉周成王之命营建洛邑(今河南洛阳王城公园一带)。洛邑建成后,周成王亲自来到洛邑王城,大会天下诸侯和四夷君长,并将跟随武庚叛乱的殷遗民迁进洛邑,以便控制。周公还制礼作乐,建立了周朝的各项典章制度和礼乐制度,确立了以宗法制度为中心的政治体制。周成王曾亲自讨伐东夷,使东部得以安定。周成王死后,继位的周康王继承先王的事业,勤于政事,平易近民,刑罚几十年不用,社会更加安定。

谦恭简朴

原文

巽(xùn)在床下①,用史②巫(wū)③纷若④,吉,无咎。

（《易经·巽》）

注释

①巽在床下:一种卦象。巽,八卦之一,谦让恭顺。②史:祝史,古代掌管祭祀祝祷等的官吏。③巫:巫师。④纷若:闲散不受拘束。

道理

得民心者得天下,失民心者失天下。

6. 柳庄谏赏

故事

卫献公曾经对自己的臣子孙文子、甯(Nínɡ)惠子二人很无礼，因而二人就合谋将献公赶下了君位，另立了新君。

卫献公逃亡到国外，一路上颠沛流离，寄人门下，受人欺侮，吃尽了苦头，前后整整流亡了12年。直到后来，甯惠子的儿子甯喜杀了新君，大夫们才到国外将他迎回。

卫献公听说自己将回国继续做国君，心里非常高兴。大夫们迎接他的时候，他拉着大夫们的手和他们有说有笑的；在路上遇见迎接他的臣民，他就在车上作揖答谢；到城门来欢迎他的，他就点头致意。

当到了卫国城郊的时候，卫献公望着不远处那熟悉的城楼城墙，不由心生感慨，感叹自己在外流亡这么多年，有多少忠心的大臣选择跟随自己出逃奔命，又有多少大臣趋炎附势，竭尽心力去奉承新贵、拥护新君，虽然都是一个朝廷的大臣，态度却如此截然不同。可见，患难之时见忠奸啊！这次一定要好好地封赏那些忠心的大臣们。

于是，卫献公决定先把一些城邑颁赏给那些跟随自己逃亡的人，然后才进城，以此来显示自己的"贤明"。那些跟着卫献公出逃的大臣们听说要封赏，个个面露喜色。

那时柳庄担任卫国的太史，当年也跟着卫献公出逃。他觉得献公的做法不妥，就劝谏说："如果大家都留下来守卫国家，那还有谁骑着马跟您去逃亡呢？如果大家都跟着您逃亡去了，那么谁来守卫国家呢？您一回到自己的国家就有了私心，这样恐怕不可以吧？"献公思忖(cǔn)良久，最后打消了颁赏的念头。

原文

谦恭简朴

卫献公出奔,反①于卫。及郊,将班②邑于从者而后入。柳庄曰:"如皆守社稷,则孰执羁靮(dí)③而从？如皆从,则孰守社稷？君反其国而有私也,毋乃④不可乎？弗果班。

（《礼记·檀弓下》）

注释

①反：同"返"，返回。②班：封赏的意思。③执羁靮：意思是在国君身旁效力。羁，马络头。靮，马缰。④毋乃：大概，恐怕。

道理

遇事多思辨,不能只看到有利的一面而忽略了不利的一面。

7. 火烧成汤

商朝开国君王成汤,是个圣明之君,但刚建立商朝,就遇到了七年大旱,百姓们食不果腹,叫苦连天。

当时,各地求雨之风盛行,多次求雨不成之后,成汤便去占卜。卜卦上说,必须用活人供奉神灵,苍天才会开眼,才会求雨成功。成汤看到此卦,就说:"如果必须得用活人,那就是我,只要我的身体能为百姓求到雨,我也心满意足了。"

于是,巫师择吉日,吟唱祈雨的诵文,一路进发到祈雨台。成汤穿着粗布衣裳,身上绑缚干草,随着队伍向祈雨台进发。

在祈雨台上,摆放着丰盛的祭品,成汤恭恭敬敬地跪拜在地,双手合十,虔诚地向苍天祈祷:"苍天呀,是我一个人犯下了大罪,您不要再来惩罚可怜无辜的百姓了!就让我一个人来赎罪吧,用我一个人来换得天下百姓的安宁吧!神明的苍天呀,为天下百姓下点雨吧!……"

吉时已到,巫师点燃了成汤身边的柴火,火势慢慢旺盛起来,向成汤的身边蔓延。周围来求雨的百官和百姓都希望苍天快点下雨,别烧着了成汤。慢慢地,火已到成汤身边,成汤身体上绑缚的干草也被引燃,而成汤却静静地站立着,虔诚地祈祷着……

就在这时,奇迹出现了!天空突然暗了下来,不大一会儿,豆大的雨点疾驰而下,成汤身上的火也被浇灭了。人们在风雨中载歌载舞,庆祝着救命雨的到来。

成汤也吮吸着久逢的甘霖,看着兴奋的百姓,脸上露出了欣慰的笑容。

谦恭简朴

原文

象曰①：明出地上，晋②；君子以自昭③(zhāo)明德④。

（《易经·晋》）

注释

①象曰：卦象上说。②晋：进，向前。③昭：彰显。④明德：纯洁澄明的德性。

这段原文的大意是：太阳从地面升起，象征上进。君子观此象，应自觉展现纯洁澄明的德性。

道理

为民众利益而赴汤蹈火，是道德高尚的最高境界，应万世传颂。

8. 卫国中兴

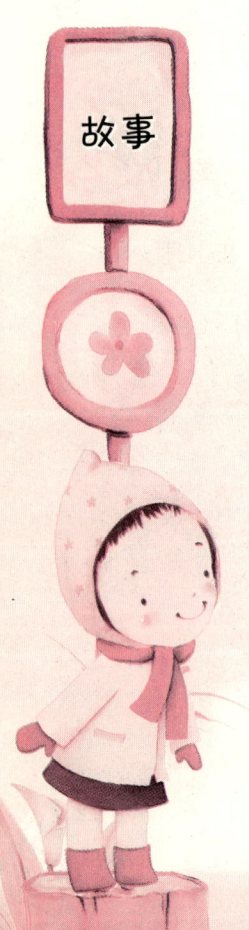

故事

春秋时期，卫国宫室内有五世国君有过一段漫长而荒淫无度的历史，所以卫国人民不愿意为本国的昏君去当炮灰，到公元前660年狄人攻打卫国时，军无斗志，士无战心，卫懿公战死，卫国灭亡。

卫国遗民不足千人渡过黄河，拥立卫戴公为卫国的国君，可惜卫戴公不久就死了，其弟卫文公继位。齐桓公率诸侯帮助卫文公迁都到楚丘。

来到新的都城，尽管条件没有旧都好，但是这里充满着希望。想起先前的君主所做的那些荒唐事以及卫国人民为此遭受的苦难，卫文公就感觉愧对天下，甚至有时候有一种无地自容的感觉。

从踏入新都楚丘的那一刻，卫文公就知道，来到这个地方，要么是卫国继续走下坡路，人民继续生活在水深火热之中，要么在这里做出一番成就，摆脱眼前这种衰落的状况。

卫文公认真地汲取了以前的惨痛教训，励精图治，兢兢业业，与军民同甘共苦。他重视农耕，繁殖牲畜，一时间卫国内五谷丰登，六畜兴旺，人民过上了富足殷实的生活。

在楚丘，他们建造了一座新的宫殿，卫文公在这里执掌朝政，处理国家大事。他制定的每一项制度都从人民的利益出发，也因此得到人民的拥戴。

功夫不负有心人，卫文公在位期间，卫国的国力大增，顺利地实现了由衰到盛的巨大转变。

【谦恭简朴】

原文

定①之方中²,作于楚宫³。

（《诗经·国风·鄘风》）

注释

①定:定星,星宿名,俗称营室星。②方中:天的正当中。③楚宫:在楚丘营造宫庙。

道理

记住曾有的教训,奉献真诚的努力,终可完成兴国大业。

9. 子罕不受宝

春秋时，宋国有一个农夫在耕地的时候，得到了一块美玉。他决定把它献给子罕。子罕是宋国的大臣，担任司城一职。子罕很有才能，为官廉洁，把财利看得很轻，而且他心系百姓，关心民众疾苦，做了不少对百姓有益的事情，老百姓都很敬重和信任他。

这天，农夫带着得到的美玉来到子罕府上，要把它献给子罕。看着农夫风尘仆仆的样子，子罕就把他请到家里歇息，但是那块精美的玉石，子罕坚持不肯收下。

农夫见他拒不接受，以为他怀疑这块玉是假的，便恭敬地站起身来，说："我把这块玉交给懂玉的匠人鉴定过了，他说这是一块宝玉，所以我才把它献给您！希望您赏脸收下它，这也是我的一片心意啊！"

子罕笑着说："你把玉当做宝物，才把它拿来献给我。但我却把不接受别人的钱物当做宝，所以不能接受你的玉啊！如果我收了你的玉，那么我就是一个贪心的人了。结果，你失去了玉，我失去了应有的品德，大家不都失去了自己的宝物了吗？所以我怎么能收下它呢？"

农夫见子罕还是不肯接受，显得不安起来，说："这样精美的玉放在我身上，会引起别人对它的非分之想，这会让我提心吊胆、寸步难行。您是宋国的贤臣，我之所以把它献给你，是想避免那些难以预料的灾难啊！"

于是，子罕只好收下玉，把它送到自己居住的乡里，让能工巧匠雕琢、加工之后卖掉了它,再把钱都给了那个献玉的农夫。

宋国德高望重的人听说了这件事,都感慨地说:"子罕不是没有宝物,只是他的宝物与别人不同啊!"

【谦恭简朴】

原文

宋之野人①耕而得玉,献之司城②子罕,子罕不受。野人请曰:"此野人之宝也,愿相国为之赐③而受之也。"子罕曰:"子以玉为宝,我以不受为宝。"故宋国之长者曰:"子罕非无宝也,所宝者异也。"

(《吕氏春秋·孟冬纪第十·异宝》)

注释

①野人:农夫。②司城:官名,即司空,相当于相国,执掌国政,为春秋时宋国所设置。③赐:赏赐,这里指赏脸。

道理

同样的宝物,有人看重其价值,有人则以此彰显自己的人格,二者有高下之分。

10. 子柳葬母

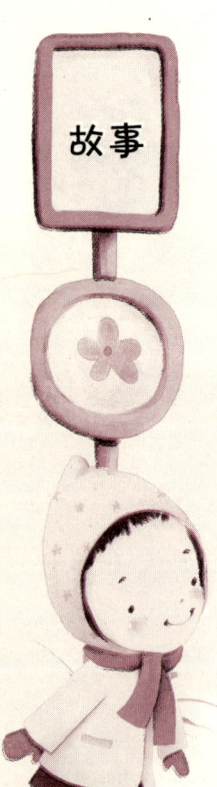

故事

与自己相依为命多年的母亲离开了自己,子柳陷入深深的悲痛之中。

母亲该下葬了,而此时的子柳却一贫如洗,他想给母亲办一个起码的葬礼,但所需要的费用从哪里凑呢?

看到子柳满心的忧虑,一直陪伴着他的子硕郑重地说:"我们虽然是异母兄弟,但大娘对我这么好,我到什么时候都不会忘记她为我所做的每一件事情。当下这种情况,不如卖掉我的母亲为大娘置办葬礼吧,等我们有了钱再把我母亲赎回来。"听了子硕的话,子柳很是感动,但子柳坚定地回答道:"不能这样,我不能这么自私,为了我自己的母亲而卖掉你的母亲,这万万不可,万万不可。"

后来,在亲戚朋友的资助下,子柳还是把母亲的葬礼办得有模有样。到了最后,别人资助的钱除去葬礼的开销外,还有一些剩余,子硕忍不住说:"我们不如把这些钱拿来买一些祭祀用品,这样逢年过节我们就能对祖上尽孝道了,同时也能够节省不少开支。你也知道,我们这两年的收入越来越少。"听了子硕的话,子柳感到很意外,难道这就是那个坦诚帮助别人的子硕吗?见到这么一点小钱,他就忘记了道义?

于是,子柳严肃地说:"我们不能这样做,先生早就教导我们,真正的君子是不会依靠丧葬的事情来让自己的家庭得到实惠的,我们应该保持君子的风范。我准备拿这些钱来周济我们身边的那些穷人,这样才做到了物尽其用啊!"

谦恭简朴

原文

子柳①之母死。子硕②请具③。子柳曰:"何以哉?"子硕曰:"请粥(yù)④庶弟⑤之母。"子柳曰:"如之何其粥人之母,以葬其母也?不可。"即葬。子硕欲以赙(fù)布⑥之余具祭器。子柳曰:"不可。吾闻之也:君子不家⑦于丧,请班诸⑧兄弟之⑨贫者。"

（《礼记·檀弓上》）

注释

①子柳:鲁国人。②子硕:子柳的弟弟。③具:备办,这里指备办丧葬的器用。④粥:同"鬻",卖。⑤庶弟:父亲的妾所生的年幼的儿子,这里指子硕自己。⑥赙布:送给丧家助葬的钱帛。⑦家:意思是充作家用。⑧班诸:班,分发。诸,之于,给。⑨之:指剩下的钱帛。

道理 做人要有准则,做事要有尺度。

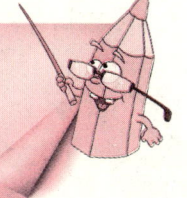

三、仁德博爱

RENDEBOAI
CHUDUGUOXUE

1、一夜十起
2、庄公悼士
3、汪　的葬礼
4、舜征三苗
5、大禹治水
6、文王爱民
7、孔子叹息
8、子牙作法
9、田亩赋税
10、宓子贱弹琴
11、无衣
12、女子返家

1. 一夜十起

故事

东汉时，长陵有位名叫第五伦的人，第五是他的姓氏，伦是他的名字。他的先祖原本姓田，因分支太多，便以次序定为姓氏。

第五伦年轻时勇武侠义，曾率领族人防御盗贼，修筑营壁。地方官吏看他很有本事，便任命他为小吏。他的官虽小，可事不少，但他把样样事情都做得很出色。后来，他又被任命为京兆尹的主簿，因为办事公平，为官清廉，他不仅深受百姓爱戴，而且很得光武帝的赏识。

汉章帝年间，第五伦奉命到朝廷做司空，他看到章帝将太后的亲属都委以重任，觉得这样很不合于法度，就上书皇帝，直言不讳地批评这种做法。渐渐的，第五伦的无私在朝廷内外传为美谈。

一天，一位同僚赞扬他说："像你这样的人，真可以说是毫无私情了！"第五伦反驳说："以前，有位熟人送给我一匹良马，想叫我帮他谋个官做。马我没收下，可是当我举荐别人做官时，常常想起他，这不是证明我有私情吗？又比如，我的侄儿生病时，我一晚起来看他十次，但回到床上我很快就睡着了，后来我自己的儿子生病了，我却整夜都睡不着，你看我哪里称得上毫无私情呢？"

第五伦就是这样一个人，勇武侠义，本分敬业，率真纯朴。

原文

吾兄子①病,一夜十往,退而安寝;吾子②有疾,虽不省视③而竟夕不眠。

(《后汉书·第五钟离宋寒列传第三十一》)

仁德博爱

注释

① 吾兄子:我侄儿。② 吾子:我儿子。③ 省视:去瞧看。

道理

看到别人的不足很容易,如果能够看清自己的不足之处,则是难能可贵的。

2. 庄公悼士

公元前684年6月,齐军、宋军联合攻打鲁国,进军驻扎在离鲁国都城不远的郎这个地方,形势对鲁军很不利。

这时,鲁庄公了解到齐宋联军中,宋军的战斗力较弱,决定采取各个击破的方法,先打败宋军。于是,鲁庄公亲自挂帅,出南门迎击,在乘丘(在今山东兖州以东)与宋军交战。

当时县贲父为鲁庄公驾车,卜国担任车右护驾。根据古代乘车的方式,一车三人,尊贵的人坐在车的左边,驾车的在中间,另外一人则居右侧。如果是将帅的兵车,则主帅位于车中间,驾车的人位于左,护卫主帅的人在右,这样主帅便能很好地指挥。

县贲父和卜国都是恪守尽职、讲义气的人。县贲父擅长驾车,卜国很有勇力,他们为鲁庄公驾车从来没有出现过失误,但这次拉车的马却不知什么原因受了惊吓,大声嘶叫,竟将鲁庄公的车驾颠翻了。鲁庄公从车上摔下来,身上跌得又青又紫,连战袍都被路边的荆棘扯破了。卜国赶紧把车扶正,并递给庄公一根绳子,把受伤的庄公拉上了车。鲁庄公没好气地说:"世人都说卜国你是个勇武有气力的人,看来实际情况不是这样的啊!"说得卜国面露愧色,心中自责不已。县贲父见此就说:"我们二人为国君御车护驾,以前从来没有翻过车,今天却出现了马惊车翻的事故,导致国君坠车受伤,这确实是我们没有勇力啊!"说完,县贲父和卜国跳下战车,单膝向鲁庄公跪拜,拔剑自刎而死。鲁庄公认为这是县贲父和卜国殉职而已,并未把此事放在心上。

等班师回朝,马夫给那匹受惊的马擦洗时,那匹马显得暴躁不安,一点也不顺从。马夫很奇怪,就暗暗观察,发现马大腿内侧

中了飞箭,伤口都开始溃烂了,于是马夫就把这事报告了鲁庄公。

鲁庄公听了后悔不已,说:"原来马惊车翻另有原因,而不是县贲父和卜国二人的罪过啊!"于是,鲁庄公为他们二人写了一篇诔文,来追述他们的功德。为士作文悼念的风习,就是从这里开始的。

仁德博爱

原文

鲁庄公及宋人战于乘丘,县(Xuán)贲(bēn)父御①,卜国为右。马惊,败绩②。公队(zhuì)③,佐车授绥(suí)④。公曰:"末之,卜也。"县贲父曰:"他日不败绩,而今败绩,是无勇也。"遂死之。圉(yǔ)人浴马⑤,有流矢在白肉。公曰:"非其罪也。"遂诔(lěi)⑥之。士之有诔,自此始也。

(《礼记·檀弓上》)

注释

①御:驾驭车马。②败绩:失败,这里指翻车。③队:同"坠",坠落。④绥:挽住手上车的绳子。⑤圉人浴马:养马的人给马擦洗。⑥诔:追述死者功德的悼念文章。

道理

人不可能不犯错误,但在错误出现的时候,应该多从自身去反省一下。

3. 汪踦的葬礼

故事

公元前484年的春天,齐国发兵攻打鲁国,向离鲁国都城不远的郎这个地方进逼,鲁国危在旦夕。当时鲁国内部钩心斗角,政治混乱,无人关心百姓死活,加上徭役和赋税很重,百姓陷入深重的苦难。

在这国家存亡之际,很多鲁国人不计个人得失,慷慨参军,为保卫国家奔赴战场。除了农民,鲁国的很多贵族也都应征入伍,只留下老弱病残驻守都城。齐鲁双方在郎展开激战。

这一天,前国君鲁昭公的儿子公叔愚人来到城下视察,遇见一个士兵,面色黝黑,衣衫褴褛,拄着拐杖进入城堡休息。公叔愚人感慨地说:"虽然徭役已经使百姓们很辛苦了,赋税也使百姓的负担很重了,可是他们还是在国家危难的紧要关头,为保卫国家而英勇战斗,作为君子不能够为国家出谋划策,作为士人们不能为国家献身,这怎么能行呢?今天,我既然说出了这样的豪言壮语,那我就要去做到!"于是公叔愚人就和邻居家一个叫汪踦的小孩子一起参加了军队,冲上敌阵。战斗打得非常激烈,最后公叔愚人和汪踦都战死疆场。

那个时候,有着相当严格的礼仪制度,为大人和小孩所办的丧礼有着很大的区别,给未成年而死的人所举办的丧礼叫做"殇"。汪踦是小孩子,本应按照小孩的丧礼为他操办后事,但鲁国人被他的精神所感动,不愿用孩子的丧礼为他办丧事。是遵守法礼呢?还是从人心愿?大家一时不知道该怎么办才好,于是就向当时很有权威的大儒孔子请教。孔子说:"汪踦既然能拿着武器保卫自己的国家,你们不用孩子的丧礼为他办丧事,不也是可以的吗?"

于是,鲁国人就用成人的丧礼为汪踦举行公葬,以表彰他的英勇事迹。

仁德博爱

原文

战于郎。公叔愚人遇负杖入保①者息,曰:"使②之③虽病也,任④之虽重也,君子不能为谋也,士弗能死也,不可,我则既言矣。"与其邻童汪踦(yǐ)往,皆死焉。鲁人欲勿殇(shāng)⑤重汪踦,问于仲尼。仲尼曰:"能执干戈⑥以卫社稷,虽欲勿殇也,不亦可乎?"

(《礼记·檀弓下》)

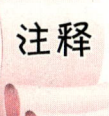

注释

①保:同"堡",小城。②使:指徭役。③之:指老百姓。④任:指赋税。⑤殇:这里指为未成年而死者举行祭祀。⑥干戈:盾和矛,这里泛指武器。

道理

遵循规则固然重要,但有时打破某种规则也是规则发展的需要。

4. 舜征三苗

故事

上古时代，在长江中游以南的地方曾经分布着一些部落，人们把它称之为"三苗"。尧的时候，三苗叛乱，尧就发兵征讨，打败了三苗，三苗于是就加入了尧的部落联盟。

后来，尧将帝位禅让给了舜。三苗不顺服，又兴兵作乱，给国家带来严重的安全隐患。治水英雄大禹听说此事，就向舜帝请求发兵攻打，舜帝没有同意，他说："要使他们归服，只要实行德政就可以了，不必兴师动众。"禹不以为然，说："以前，尧帝在位的时候，他们怀着异心，几次起兵叛乱。尧帝率兵征讨，和他们作战于丹水，彻底打败了他们，他们这才臣服。现在，您继承了帝位，他们不来归顺，再次背叛，可见他们已习惯与我们为敌了。不用武力征服，怎么能使他们归顺呢？"舜帝听完摇了摇头说："用武力使他们臣服只是一时的，只有通过施行德政，推行教化，才能使他们真正臣服啊！"

于是舜帝向三苗地区派遣了和平使者，加强在三苗地区推行风俗教化的力度，用中原地区的先进思想和制度去感化和引导三苗，同时送去了乐舞，请苗人观看。于是，在推行德政后的第三年，三苗就归服了，甚至一些地处边远的氏族部落都景仰舜帝的德义，纷纷来到他的都城进贡，表示愿意臣服于他。

孔子听说了这件事，说："通晓了德教的本质，那么孟门、太行山都算不得险峻了，即使是再偏远的地方都会仰慕德义。所以说，用德教使天下归服的速度，比用驿站的车马传递命令还快啊！"

仁德博爱

原文

三苗不服，禹请攻之，舜曰："以①德可也。"行德②三年，而三苗服。孔子闻之，曰："通乎德之情③，则孟门、太行④不为险矣。故曰德之速，疾乎以邮传命⑤。"

（《吕氏春秋·离俗览第七·上德》）

注释

①以：用。②行德：施行德政。③通乎德之情：通晓了德教的本质。④孟门、太行：即孟门山和太行山。⑤以邮传命：用驿站的车传递命令。

道理

人的心灵是最脆弱的，它经不得感动；但也是最坚强的，任何武力都无法使之屈服。

5. 大禹治水

故事

尧的时代，洪水已泛滥成灾，成了百姓生活的大患。尧用鲧（Gǔn）治水，九年没有成功。鲧死后，他的儿子禹担当起治水的重任。

禹聪慧机敏，勤恳踏实，言行一致，又能身为表率。他走遍天下，"陆行乘车，水行乘船，泥行乘橇（qiāo），山行乘欙（niǎn）"，查勘水情地势，规划治水大计。禹接受其父治水失败的教训，所采用的治洪水方法是以疏导为主。由于黄河上游地势高，到中下游平原地区水势太急，容易造成灾害，于是大禹分其水势，开引渠道，开凿龙门，打通吕梁，将水引至下游，导入了大海。他在治水中表现出的艰苦卓绝的作风、忘我的精神、坚韧不拔的意志，在中国人民心目中历久弥新。

禹在外治水，无暇顾及家庭。禹娶涂山氏之女为妻，新婚仅三四天，便出发治水，儿子夏启呱（gū）呱坠地，他也没有见过一面。禹在外治水期间，几次路过家门而没有回家，历史典故有"三过家门而不入"，就是赞扬禹治水的敬业精神。

那个时代，水利工程是难度极大的工程。在漫长而艰苦的治水过程中，禹亲自操作测量工具，与百姓一起夜以继日地劳作，以至于形容憔悴，腿也变成瘦腿了，小腿上的汗毛也都磨光了。禹就是这样和人民同甘共苦，疏通了三江五湖，将水疏导到大海中，从根本上解除了九州的水患。

原文

仁德博爱

禹立,勤劳天下,日夜不懈。通大川,决壅(yōng)塞①,凿龙门,降通潦(Liáo)②水以导河,疏三江五湖,注之东海,以利黔(qián)首③。

(《吕氏春秋·仲夏纪第五·古乐》)

注释

①壅塞:堵塞。②潦:停聚的水。③黔首:古时对平民的称谓。

道理

借鉴前人的经验教训,再加上自己的忘我投入,就会走向成功。

6. 文王爱民

故事

商纣王是个十分残暴的君王，他喜欢制造一些酷刑来杀人，看着犯人受刑时的惨相，他就会乐得手舞足蹈。商朝百姓整天提心吊胆，人人自危。

"炮烙之刑"是商纣王的得意之作。"炮烙之刑"就是在一个土丘上，烈火熊熊燃烧，横架在烈火上的铁筒已经被火烧得通红，几个士兵押着被捆绑的人走上土丘，然后被士兵用刀枪威逼着走向通红的铁筒。刚一上去，犯人的脚就被烤糊了，剧痛使犯人无法站稳，就从铁筒上掉到了烈火里，直到被烧死。

周文王却十分仁慈。周文王侍奉商纣王，赢得了商纣王的信任，商纣王就封周文王为西伯侯，赏他纵横千里的土地，周文王叩首谢绝了。他对纣王说："我不要千里土地，只要您答应我的一个请求，请您废除炮烙之刑。"周文王不是厌恶土地，而是看到了百姓最迫切的希望。他也知道，此举成功，无疑是争取民心的好机会。

"周文王埋枯骨"，更使他成为百姓心中的一个救世主。一天，周文王坐车到郊外去，在荒野中发现了一具尸体，都已经枯烂了。周文王看了以后，心里很不好受，就对随从说："你们挖一个坑，把这具尸体埋了吧。"随从说："这是一具没主儿的尸体，何必要管他呢？"周文王说："不管是谁家的尸体，死了以后都应该有个归宿呀！这样暴尸于荒郊野外，叫人看了心里不好受。"随从们挖了个坑，把尸骨埋好了。听到此事的人们纷纷议论说："西伯侯太仁慈了，连没主的尸骨都怜恤到了，对活着的人一定会更好的。""西伯侯对百姓这么好，我们为什么不赶紧投奔他呢？"于是，各国的百姓都纷纷投奔到周国来了。周文王对这些前来投靠的人非常友好，给他们吃的、住的，还给予可以耕种的土地，对有才能的人也加以重用。因此，归附的人也越来越多。

【仁德博爱】

原文

文王处岐事纣①，冤侮雅逊，朝夕必时，上贡必适，祭祀必敬。②纣喜，命文王称西伯，赐之千里之地。文王载③拜稽(qǐ)首④而辞曰："愿为民请炮烙之刑。"文王非恶千里之地，以为民请炮烙之刑，必欲得民心也。

（《吕氏春秋·季秋纪第九·顺民》）

注释

①处岐事纣：在岐山侍奉纣王。②冤侮雅逊，朝夕必时，上贡必适，祭祀必敬：虽遭冤枉侮辱，依然雅正恭顺，早晚朝拜不失其时，敬献贡物一定合宜，祭祀一定诚敬。③载：通"再"。④稽首：稽首是古时的一种跪拜礼，叩头至地，是九拜中最恭敬的。

道理

爱民，是争取民心最有效的方法。

7. 孔子叹息

故事

孔子非常推崇夏、商、周三代的礼乐制度，希望人们都能遵守那些规范。他曾经说："礼乐兴起，天下大治；礼乐败坏，天下就会大乱。"但孔子生活在一个社会历史大转折的时代，夏、商、周三代以来的礼乐制度到那时已经崩坏得差不多了。孔子为了实现自己以礼治国、施行仁政的政治理想，曾经周游列国，可是没有一个国君重用他。

这一年12月，鲁国举行蜡祭，国中的权贵和有地位的人都来参加了。孔子作为鲁国通晓礼仪的大儒，也被邀请作为贵宾参加了这次蜡祭。

祭祀之礼结束后，孔子走出宗庙，来到高大的楼台上游览，他的学生言偃在一旁陪侍。孔子默然地站在楼台上，望着远处的山和树，又望了望城内，不由得长长地叹了一口气，他这是为鲁国的现状而叹息啊！

言偃听见孔子叹息，不明白是何意，就问道："老师为什么叹息呢？"

孔子回答说："尧、舜、禹的时代，那是一个怎样的太平盛世啊！那三代的几位君王是多么英明啊！可惜我孔丘晚生了这么多年，没有赶上那个天下大同的时代！可是我心向往之，心向往之啊！你看看现在的鲁国和诸侯们，哪个是遵从礼乐去办事的？国君沉湎于酒色，不关心政事；大臣们为了各自的利益，拉帮结派，胡作非为，根本就不管百姓日子过得怎么样。我怎么会生在一个这样的时代呢？你说，我能不叹息吗？"说完，孔子用袖子拭了拭眼角的浊泪，闷闷不乐地离开了。

原文

昔者仲尼与(yù)①于蜡(zhà)②宾，事毕，出游于观之上，喟(kuì)然③而叹。仲尼之叹，盖叹鲁也。言偃在侧，曰："君子何叹？"孔子曰："大道之行也，与三代之英，丘未之逮(dài)④也，而有志焉。"

（《礼记·礼运》）

仁德博爱

注释

①与：参加。②蜡：古时于每年12月举行的一种祭祀。③喟然：叹气的样子。④逮：及，赶上。

道理

一味向往美好的过去，虽没有什么过错，但不如想方设法建设现在。

8. 子牙作法

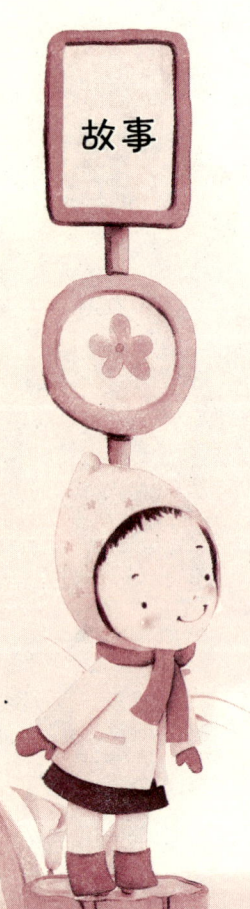

故事

商纣王无道，天下反叛；周武王得道，天下归心。商纣王为了保住自己的王位，便不断派兵攻打西岐（周当时所在地，今陕西省岐山县）。乘老太师闻仲远征在外，商纣王派自己的亲信宠臣费仲和尤浑领兵作战。费仲、尤浑本来也不是将才，而是只会溜须拍马博得纣王欢心的奸臣贼子。

费仲、尤浑领兵到西岐后，正值仲夏之时，烈日高照，酷暑难耐。此时，周武王派丞相姜子牙领兵应战。西岐的将士也被太阳晒得汗流浃背，姜子牙却令三军将士在远离树林和小河的山坡上安营扎寨，而且还给每位将士发放一件棉袄、一个斗笠。头顶着火辣辣的太阳，西岐的将士们不明白姜子牙这是什么战术，人人怨声载道。在山下的费仲和尤浑，也认为姜子牙不懂战术，一齐嘲笑姜子牙。

时至夜半，霎时间狂风大作，树林中风声如雷。山下的费仲、尤浑及其将士刚开始时欢呼雀跃，喜迎这场凉风。不一会儿，狂风更猛，凛然如寒冷的北风。一两个时辰之后，天空中飘起了雪花，继而是鹅毛大雪。商朝军士穿着单衣铁甲，怎耐得了这寒冬天气，个个冻得瑟瑟发抖，后来费仲、尤浑及很多商军将士被冰雪冻死了。此时周军将士个个穿起棉袄，戴起斗笠，斗志昂扬。原来这是姜子牙在作法，使酷暑突变寒冬。

姜子牙率领众将士大获全胜，随后命令给被俘虏的士兵一律发足路费，放他们回家。西岐关前，众将士齐声欢呼，欢呼声直冲云霄。

原文

田①有禽,利执②言,无咎;长子③帅师④,弟子⑤舆尸,贞凶。

《易经·师》

仁德博爱

注释

①田:田猎。商代常以田猎指征战。②执:捕捉。③长子:指德高望重的长者。④帅师:统领军队。⑤弟子:指无德小人。

本段原文的大意是:田地里有禽兽,捕捉是有利的,没有灾祸。德高望重的人可以率兵出征,无德小人必将舆尸败归,守持正道可以防凶。

道理

遭遇同样的困境,不同的人去解决,结局可能完全不一样。

9. 田亩赋税

故事

一天,孔子正在给学生传授学说,下面的学生认真地聆听着老师的教诲。这时,突然有人来访,原来是在季氏家族做家臣的学生冉求来见。孔子的脸色马上变得难看起来,不知就里的学生弄不明白,为什么老师一听冉求的名字就这么生气,都静静地看着自己的老师。

孔子知道,这次冉求来见,肯定是为了田赋的事。孔子极力主张富民,坚决反对给老百姓增加繁重的赋税。

当时,季氏家族的财富比周公还要多,尽管这样,季氏还要实行田赋制度,增加赋税。季氏在实施田赋之前实施的是丘赋,田赋要比丘赋多收一倍的赋税,当然引起了孔子的强烈反对。而孔子的学生冉求在帮助季氏聚敛财富,这次冉求来求见孔子,就是受了季氏之托来征求孔子对赋税的意见。孔子能不生气吗?

这时冉求已经走进院内向孔子行礼,然后向孔子征求季氏实施田赋的意见。话刚说到一半,孔子就怒火中烧,指着冉求对在场的其他学生们说:"他不是我的学生,你们赶紧把他给我轰出去!"

仁德博爱

原文

十有二年①春,用②田赋③。

（《春秋·哀公十二年》）

注释

①十有二年：哀公十二年，公元前483年。②用：推行。③田赋：依田亩征税。

道理

人民是历史车轮的推动者，顺应人民的意愿，为人民谋福利，这样的国家才会不断兴盛繁荣。

10. 宓子贱弹琴

宓子贱是孔子的学生，很有才能。他在鲁国做官的时候，鲁国的国君派他去治理一个叫单父的地方，只让他每隔五年将单父的情况向自己汇报一次就行了。

宓子贱来到单父，就在公堂上摆下一张琴，每天一上公堂，便潇洒自如地弹起琴来。他兴致高的时候，便饮上两杯酒，吟诗作赋。自他来单父上任以来，公堂都不曾迈出一步。单父没有因为宓子贱的"不务正业"而发生混乱，相反，这里被治理得很好，社会秩序井然，老百姓都能安居乐业，他也因此受到了单父百姓的拥戴。每当有人提到宓子贱的时候，都会啧啧称赞。

相比较之下，宓子贱的前任巫马期就不同了。巫马期治理单父的时候，每天星星还挂在天空的时候，他就起身出门去办公；到了星星又高挂天空的时候，才回到家来。单父的每件事情他都亲自过问并处理，忙得焦头烂额。正因为他披星戴月、昼夜不闲，所以在他的任期内，单父也被治理得很好。

后来，巫马期见到宓子贱轻轻松松就把单父治理得这么好，就前去宓子贱的住所拜访他，向他询问其中的缘故。宓子贱说："我的办法是使用人才，你的办法是使用力气。依靠自己的力量去办事的人当然劳苦，使用人才去办事的人当然安逸了。"这样看来，宓子贱可以算得上是会办事的高人了。

原文

宓(Mì)子贱治单父①,弹鸣琴,身不下堂,而单父治。巫马期以星出,以星入,日夜不居②,以身亲之,而单父亦治。巫马期问其故于宓子,宓子曰:"我之谓任人,子之谓任力③;任力者故劳,任人者故逸。"宓子则君子矣。

(《吕氏春秋·开春论第一·察贤》)

仁德博爱

注释

①治单父:治,管理。单父,地名。②日夜不居:白天晚上都不闲着。③任力:使用力气。

道理

善于发现人才、使用人才,往往可以收到事半功倍的效果。

11. 无 衣

故事

战火被点燃,到处硝烟弥漫,敌人已经步步逼近。为了让自己的秦国避免灭绝的灾难,在国王刚刚发布招兵榜文的时候,一群热血青年就聚集在一起,他们约好一起奔赴疆场。有的父母只有一个儿子,心里多少有些舍不得,但想到自己的国家,他们都同意了自己孩子的决定。

连年的自然灾难,百姓的生活已经相当贫困。如果异族再来统治自己,那无疑会给他们本已艰难的生活雪上加霜。敌人的凶残他们早有所闻,他们不想让自己的家园遭到那样的苦难。

几天过去,他们聚集了数十人,准备一起去参军,共同担负起拯救国家的责任,到战场出生入死,杀敌保家卫国。当时由于物资匮乏,国家没有能力为他们提供杀敌的兵器,他们就把家中耕田用的农具与一些废弃的兵刃修整一下,随身带上作为武器。

更大的问题是他们没有衣服穿,在家中尚且能够勉强对付,而现在是要前往边关,那里寒风凛冽、冰天雪地,没有耐寒的衣物是很难对付的。正在大家为这事愁眉不展的时候,有一个人说:"谁说我们没有衣服?我们当中毕竟有人有衣服啊,大家可以互相帮助嘛。现在我们面临着凶恶的敌人,有着同样的奋斗目标,此时此刻,我们还有什么无法克服的困难呢?"听了这番话,众人立刻兴奋了起来,都呼喊着:"谁说我们没有衣服!"

呼喊的声音渐渐消逝,他们的背影也渐渐远去。

仁德博爱

原文

岂曰无衣？与子同袍(páo)。王于兴师①，修我戈矛②。与子同仇！
（《诗经·国风·秦风·无衣》）

注释

①兴师：出兵。秦国常和西戎交兵。当时戎族是周的敌人，和戎人打仗也就是为周王征伐，秦国伐戎必然打起"王命"的旗号。②戈矛：戈矛都是长柄的兵器。

道理

共同的目标可以凝聚力量，克服困难，争取胜利。

12. 女子返家

故事

葛草长又长,延伸到山谷中,叶儿繁茂。

一位正在劳动的姑娘放下手中的活儿,坐在那里,在想着心事,她在盘算着用它们织几匹麻布,缝制新衣。这时一群黄鸟飞来飞去,群集在灌木丛中,叽叽啾啾欢快地鸣叫,莫非它们也知道这位姑娘欢喜的心情?

姑娘在想,葛草长得那么好,先割后煮,无论是织成细布还是粗布,自己的劳动所得来的,穿在身上一定很舒适。

姑娘陷入了美丽的梦想之中,这梦想在天空中荡漾,在内心里激荡。她的心儿好像早已长出了翅膀。黄鸟还在叽叽啾啾地叫个不停,姑娘看到鸟儿里有小鸟,有大鸟,一家人似的,真是幸福啊!她不由地想起自己的经历,屈指算来,离家已经三年了,在外面辛苦做工,不知道爹娘身体可好?头发是否又白了许多?这三年中,她每夜都梦见自己的故乡和那故乡的桃花和山冈,还有那在山冈上放牛的少年郎,也不知道他是否长高了?长壮了?是否还记得自己当年的模样?

她决定去见女管家,要告假回家。

对,说干就干,她麻利地清洗好那些只有会见客人时才穿的漂亮衣服,整理干净并收藏好平时的衣裳。她已经等不及了,她要急着回家去见自己的爹娘。

葛草疯一样地生长,姑娘的心儿早已飞回了生她养她的故乡,飞回到了她亲爱的父母身旁。

仁德博爱

原文

言告师氏①,言告言②归③。薄④污⑤(wù)我私⑥,薄浣我衣。害⑦浣害否,归宁父母。

（《诗经·国风·周南·葛覃》）

注释

①师氏:管女奴的老妈子。②言:说。③归:指回娘家。④薄:语气词。⑤污:洗去污垢。⑥私:内衣。⑦害:何,什么。

道理

家是温暖的港湾，家人相聚的时刻是最幸福的时刻。

四、守节忠职

SHOUJIEZHONGZHI
CHUDUGUOXUE

1. 卖剑买牛
2. 丙吉问牛
3. 克己奉公
4. 周公辅政
5. 许穆夫人
6. 至公无私
7. 杜蒉罚酒
8. 赵文子觅贤主
9. 火烧介子推
10. 楚文王封苋嘻

1. 卖剑买牛

龚遂是汉朝平阳人,曾在昌邑王刘贺手下任郎中令。

汉宣帝时,渤海(今河北沧州东)郡一带闹灾荒,农民起义并起,朝廷多次派兵镇压而不能平息。于是,宣帝亲自选拔能治理这个地区的人才,丞相和御史都举荐龚遂。

汉宣帝召见龚遂时,见他是一个七十多岁矮小的老头,看不上眼,就问他说:"渤海发生动乱,我非常担忧,你到那里后,怎样平息盗贼呢?"龚遂不慌不忙地回答说:"那里的百姓挨冻受饿,官吏却不爱护他们,所以他们才拿起刀剑。如今陛下派我去,是要我去打击他们呢?还是安抚他们?"

汉宣帝听了很满意,说:"选用像你这样贤良的人去,当然是要安抚他们。"龚遂又请求说:"我听说治理乱民好像理顺一堆乱绳子,千万不可急,只能慢慢来才能治理好,希望陛下放手让我去做。"汉宣帝点了点头道:"嗯,好!"

于是,龚遂走马上任。未到渤海郡之前,他先以文书和布告的形式让渤海郡的官吏和百姓周知,那些拿着锄头镰刀的都是良民,各级官吏不得查问,只有手持兵器的才是盗贼,并对那些镇压农民起义的官吏给予惩处,同时规劝起义的农民回到田里,积极开展生产自救。

布告发出后,官民对峙局面迅速缓和。龚遂不带一兵一卒,单车独行到渤海郡府上任,一路上都安然无恙。等他来到郡府时,许多抢劫的人都散伙了,他们丢掉手中的兵器,纷纷拿起了锄头镰刀。

龚遂到任后做的第一件事,便是打开地方的粮仓,赈济贫苦百姓。接着,他着手选用廉洁的地方官吏,施教化,劝农桑,安抚百姓,百姓因此得以安居乐业。数年后,渤海郡出现了安居乐业的景象。

龚遂还下令:郡中每个人都要种一株榆树、一畦(qí)韭菜,每家养两头猪、五只鸡。发现百姓当中有佩带刀剑的,龚遂就劝他们卖剑买牛、卖刀买犊,并开玩笑似的说:"何必要带牛佩犊呢!"

原文

民有带剑持刀者,使卖剑买牛,卖刀买犊(dú)①,曰"何为带牛佩犊!"
——《汉书·循吏传第五十九》

注释

①犊:牛崽。

道理

理解民众的疾苦和愿望,才能更有效地引导他们。

2. 丙吉问牛

故事

西汉,有一个大臣叫丙吉,字少卿,鲁国人,汉宣帝时期官至丞相,封博阳侯。他为人宽厚礼让,经常巡视各地体察民情。

有一次,他乘坐马车到乡下巡视。按照惯例,丞相出巡时要清理道路,命令闲杂人等回避。可是,居然有一伙人在已经清理过的道路上打群架,死伤的人横七竖八地躺在路上。那些打死人的人见有车马飞奔而来,怕被人抓住吃官司要杀头偿命,因此赶紧逃之夭夭。

丙吉坐车经过那里,一句话也不问,任凭马夫驱车前行。随从的官吏和侍卫,大家你看看我,我看看你,谁也不说话,但心里都想不明白,丞相这是怎么了?

这时,马车的前面又出现一辆牛车,车上什么东西也没放,可那头拉车的牛却步履蹒跚(pánshān),气喘吁吁,这一切,丙吉看得清清楚楚。他立即让车夫停车,派手下骑马的官吏前去询问那车夫赶牛走了几里路。

这时,他的下属官员非常不理解地问道:"丞相何以如此重畜轻人?"丙吉回答说:"百姓打架伤亡,长安令和京兆尹的职责就是负责禁止、处理这类事件的。等到年末,我要考察他们的治绩,上奏皇上,论功罪实施赏罚。作为丞相,在路上过问打架斗殴的事是不应当的,而问牛的事则不同。现在正是春季,阳光并不太足,天气并不很热,牛没走多远就喘得挺厉害,我因此担心气候反常,有些地区要遭受灾害。我位居三公,要考虑阴阳一类的大事,为百姓的衣食操心。所以,我要问问牛喘的事。"

所有随从人员听了这番话,无不心悦诚服,都认为丙吉很识大体。

原文

守节忠职

吉①又尝出，逢清道②群斗者，死伤横道，吉过之不问，掾(yuán)史③独怪之。吉前行，逢人逐牛，牛喘吐舌。吉止驭，使骑吏问："逐牛行几里矣？"掾史独谓丞相前后失问④，或以讥吉，吉曰："民斗相杀伤，长安令、京兆尹职所当禁备逐捕，岁竟丞相课其殿最⑤，奏行赏罚而已。宰相不亲小事⑥，非所当与道路问也。春少阳用事，未可大热，恐牛近行，用暑故喘，此时气失节，恐有所伤害也。三公典调和阴阳，职当忧，是以问之。"掾史乃服，以吉知大体。

（《汉书·魏相丙吉传第四十四》）

注释

①吉：丙吉。②清道：清理道路。③掾史：分曹治事的属吏、胥吏，也作古代官署属员的通称。④失问：该问的不问，不该问的却要问。⑤课其殿最：课，考察。殿，指政绩差。最，指政绩好。⑥不亲小事：不能管这些小事。

道理

处理问题，要从大处着眼，识大体，抓要害。

3. 克己奉公

祭遵，东汉初年颍阳人。他从小喜欢读书，知书达理，虽然出身豪门，但生活非常俭朴，不喜欢穿着打扮。母亲去世，他亲自背土，垒造坟茔。

公元24年，刘秀起兵反对王莽，路过颍阳，看中了祭遵，叫他当军市令。后随军转战河北，升任军中的执法官，负责军营的法令。任职中，他执法严明，不徇私情，为大家所称道。

有一次，刘秀身边的一个小侍从犯了罪，祭遵查明真情后，依法把这小侍从处以死刑。刘秀知道后十分生气，心想祭遵竟敢处罚他身边的人，欲降罪于祭遵，这时有人来劝谏刘秀说："严明军令，本来就是大王的要求。如今祭遵坚守法令，上下一致，做得很对。只有像他这样，号令三军才有威信啊！"

刘秀听了觉得有理，非但没有治罪于祭遵，还封他为征虏将军、颍阳侯。事后，刘秀常对身边的将领们说："你们要当心祭遵！我身边的侍从犯了法尚且被他杀掉了，如果你们犯了法，祭遵一定不会留情面的。"

因为祭遵为人廉洁，为官清正，处事谨慎，克己奉公，经常受到刘秀的赏赐，但每次祭遵都把这些赏赐来的钱财分给手下的人。他不治产业，家无余财，自己常穿柔皮作成的低贱的牧人裤，盖布被，夫人穿的衣裳从不另外加边，简朴至极。

祭遵临死前告诉家人，将自己用牛车拉回洛阳薄葬。问他家中之事，他一句也不说。祭遵死后，汉光武帝刘秀感到十分悲痛。祭遵的丧车到达河南县的时候，刘秀诏令文武百官先到祭遵的灵前集合，而刘秀本人则穿着素服前往吊唁，哭声哀痛。

多年后,光武帝刘秀还常常提及祭遵,对他的克己奉公精神十分怀念。

守节忠职

原文

遵为人廉约小心,克己①奉公②。赏赐辄(zhé)尽与士卒,家无私财,身衣韦裤③,布被,夫人裳不加缘④,帝以是重⑤焉。及卒,悼之尤甚。遵丧至⑥河南县,诏谴百官先会丧所⑦。车驾素服临之,望哭哀恸(tòng)。

(《后汉书·铫期王霸祭遵列传第十》)

注释

①克己:约束自己。②奉公:以公事为重。③韦裤:柔皮作成的低贱的牧人裤。④缘:边。⑤重:器重。⑥丧至:丧车到达。⑦先会丧所:先到祭遵的灵前集合。

道理

凡事要克制自己内心的私欲,不可以私废公,要以国家的利益为重。

4. 周公辅政

故事

周公是周武王的弟弟,曾经辅佐武王灭商。周王朝建立后,他又帮助武王建立礼仪制度,对周朝基业的稳固,做出了不可磨灭的贡献。后来武王积劳成疾,在灭商后的第二年就驾崩了。武王临终前,把年幼的儿子(就是后来的成王)和军国大事都托付给了周公。

那时,成王年幼,又体弱多病,不能亲自处理天子的事务。周公担心天下的诸侯听说武王驾崩、成王年幼而乘机背叛朝廷,就登上了天子位,代替成王治理天下。他为了周朝大业鞠躬尽瘁,呕心沥血。不仅如此,他还想方设法地教导成王,要将成王培养成一位明君。

为了让成王懂得如何做一个太子,周公制定了一系列太子应当遵守的礼仪,并且把做太子的规则施于自己的儿子伯禽身上,要求伯禽做任何事情都要严格按照太子的礼数。于是国内有人散布谣言,说周公是在培养自己的儿子做太子,他将要取代成王的位子。这时,只有周公自己心里清楚,他冒着被人指责的危险这样做,目的就是要把伯禽当做模范,教育成王懂得父子君臣长幼的道理。

有一次,成王不小心犯了过错,周公就把伯禽叫来,当着成王和众大臣的面,用鞭子将伯禽狠狠抽了一顿,以便让成王懂得如何做一个合格的太子。大臣们见此,也就明白了周公的良苦用心。

在周公的教导和关爱之下,成王终于成为一个英明的天子。他即位后,励精图治,周王朝进入了一个强盛和统一的时代。

守节忠职

原文

成王幼,不能莅阼(zuò)①,周公相。践阼而治②。抗③世子法④于伯禽。欲令成王之知父子君臣长幼之道也。成王有过,则挞(tà)⑤伯禽,所以示成王世子之道也。文王之为世子也。

（《礼记·文王世子》）

注释

①莅阼：这里指处理国家事务。莅,临。阼,王位。②践阼而治：代成王摄王位,治天下。践,履行。③抗：举、拿的意思。④世子法：指做太子的法度、规则。⑤挞：用鞭、杖等物打人。

道理

有的时候别人难免会误解自己,只要自己的做法是正确的,这种误解迟早会消除。

5. 许穆夫人

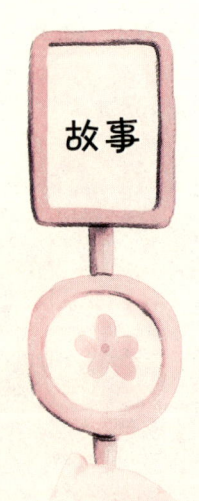

故事

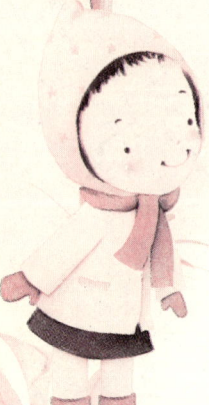

空旷的野外道路上，传来了马蹄声，一辆马车急驰而来，车后的道路上尘土飞扬。马车里坐着一位女主人，她的内心十分焦急，不住地祈祷：马儿啊，你快点跑，赶紧回到故乡，让我与我的骨肉兄弟见上一面吧。

飞奔的马车驶近了，里面的主人清晰可见，她是一位正当三十妙龄的美貌少妇，她就是许国国君的王后——许穆夫人。只见她双眉紧蹙，神态焦虑，汗水从她白净的颈脖上潺潺若现，让人不禁要问："出什么事了？难道后面有强盗在追赶吗？"

果然，许穆夫人向后一看，一辆车正追赶过来，许穆夫人不由得催促马儿快些，再快些，但还是很快被后面的马车追上了。随着一声悠长的喝止马儿的声音，两辆马车都"吱"的一声停住了。原来，赶来的是一位许国大夫，要传达许国国君的命令，让许穆夫人遵守礼制不要回国了，立即返回许国！

许穆夫人说："我的兄弟卫侯死了，我兄弟的国家卫国正在受到敌人的蹂躏(róulìn)，我怎么能袖手旁观？"

正当许穆夫人手执长鞭，直指站在马车前面的那个大夫令其离开的时候，又一辆马车赶到了，车上又下来一位穿着华丽的官员，一下子跪在马前，请求许穆夫人不要固执，立即跟随自己回去。许穆夫人的心顿时一抖，我不管什么礼制不礼制了，就算你们都骂我，我也不会跟你们回去。

也许是许穆夫人的执着感动了大夫，也许是看到许穆夫人去意坚决，僵持了许久的大夫们只好让步。他们向许穆夫人作了一个揖，便转身上了自己的马车回去复命去了。

许穆夫人的马车又继续赶路了……

后来,卫国的难民们被许穆夫人的行为所感动,随即团结在戴公的周围,在漕邑坚守下来。

从此,许穆夫人这个名字载入了史册。

守节忠职

原文

载驰载驱①,归唁(yàn)②卫侯。
驱马悠悠,言至于漕(Cáo)③。
（《诗经·国风·鄘风·载驰》）

注释

①载驰载驱:载,语气词,无实际意义。驰、驱,车马奔驰。②唁:哀悼。③漕:卫国的邑名。

道理

当事情涉及国家的危难时,不能囿于陈旧的规矩而退缩。

6. 至公无私

春秋时期，晋平公想选拔一个县令，就找来了大臣祁黄羊，对他说："现在南阳缺个县令，你看应该派谁去当比较合适呢？"

祁黄羊毫不迟疑地回答说："叫解狐去，他去最合适了，他一定能够胜任的！"

晋平公感到很惊奇，因为他知道解狐是祁黄羊的仇敌，两人有很深的积怨，于是就问祁黄羊："解狐不是你的仇人吗？你为什么还要推荐他呢？"

祁黄羊说："您刚才只问我什么人能够胜任，谁最合适，我如实向您汇报了我的想法，我已经尽到了责任，您并没有问解狐是不是我的仇人呀！"

于是，晋平公就听了祁黄羊的话，派解狐到南阳县去上任了。解狐到南阳县上任后，工作兢兢业业，体恤民情，为当地百姓做了很多好事，赢得了不少的赞誉。晋平公知道了这件事，心里也很高兴。

又过了一些日子，晋平公要选一位法官，就又把祁黄羊找来，对他说："现在朝廷里缺少一个法官，你看，谁能胜任这个职位呢？"

祁黄羊说："祁午能够胜任的。"

晋平公又奇怪起来了，问道："祁午不是你的儿子吗？你怎么推荐你的儿子，不怕别人讲闲话吗？"

祁黄羊说："您刚才只问我谁可以胜任，所以我推荐了他，您并没问我祁午是不是我的儿子呀！"

晋平公一直非常信任祁黄羊，就派祁午去做法官。祁午当上了法官以后，秉公执法，惩恶扬善，处理了很多大的案件，朝廷内外都称赞他。

孔子听到这两件事,十分赞赏祁黄羊,他说:"祁黄羊说得太好了!他推荐人,完全是拿才能做标准,不因为他是自己的仇人,心存偏见,便不推荐他;也不因为他是自己的儿子,怕人议论,便不推荐。像黄祁羊这样的人,才够得上'至公无私'!"

守节忠职

原文

忠者中也①,至②公无私。
(《忠经·天地神明章第一》)

注释

①忠者中也:忠就是中,不偏不倚,公正。
②至:至极,做到了顶点。

道理

无私者才会公正,才能够设法维护大多数人的利益。

7. 杜蒉罚酒

晋国的大臣知悼子死了，还没有下葬的时候，他们的国君晋平公却喝起酒来，同时邀请了师旷和李调作陪，宴会上还敲钟击鼓奏乐。

杜蒉从外面进来，远远地就听见钟鼓声。他感到十分奇怪，忍不住问道："国君在什么地方啊？"有人回答说："在后宫。"于是，杜蒉来到了后宫，看见晋平公坐在高台上高兴地喝着酒。他一步步走上台阶，倒了一杯酒对师旷说："师旷，把这杯酒喝了！"他又倒了一杯酒给李调："李调，把这杯酒喝下去！"然后，他又倒了一杯酒，在堂上面朝北坐着喝了。接着，他走下台阶，快步走出后宫。晋平公连忙叫杜蒉进来，温和地对他说："杜蒉，刚才你也许想要开导我，所以我没有同你说话。你为什么让师旷喝酒呢？"杜蒉回答道："按照礼节，在甲子日和乙卯日的时候尚且不奏乐，我们的功臣知悼子的灵柩还在堂上，这比逢上甲子、乙卯日还应有所禁忌。师旷是掌乐的太师，不把这种礼节告诉国君，所以罚他喝酒。"晋平公问："你为什么让李调喝酒呢？"杜蒉回答："李调是国君的近臣，为了吃喝，竟忘了国君的忧患，所以也罚他喝一杯。"晋平公又问："那你自己为什么喝酒呢？"杜蒉回答："我掌管膳食，却没有尽到提供刀、匙的职责，而且不能制止违礼的事，所以也罚自己喝一杯。"

听了杜蒉的话，晋平公羞愧难当，他自责地说："我也有过失，倒杯酒来罚我喝。"杜蒉洗过酒杯，倒上酒举起献上。晋平公对侍者说："如果我死了，一定不要废止举杯献酒的礼仪！"直到今天，凡是向宾客献酒过后，就要举起酒杯，这被人们称作"杜举"。

原文

【守节忠职】

知悼子卒，未葬，平公饮酒，师旷、李调侍，鼓钟。杜蒉(kuì)自外来，闻钟声，曰："安在？"曰："在寝①。"杜蒉入寝，历阶而升。酌，曰："旷，饮斯！"又酌，曰："调，饮斯！"又酌，堂上北面坐饮之。降，趋②而出。平公呼而进之，曰："蒉，曩(nǎng)者③尔心或开予④。是以不与尔言，尔饮旷何也？"曰："子、卯⑤不乐。知悼子在堂，斯其为子、卯也大矣！旷也，太师也。不以诏，是以饮之也。""尔饮调何也？"曰："调也，君之亵⑥臣也。为一饮一食，亡⑦君之疾，是以饮之也。""尔饮何也？"曰："蒉也，宰夫也。非刀匕⑧是共，又敢与知防，是以饮之也。"平公曰："寡人亦有过焉，酌而饮寡人。"杜蒉洗而扬觯(zhì)⑨。公谓侍者曰："如我死，则必无废斯爵⑩也！"至于今，即毕献，斯扬觯，谓之"杜举"。

（《礼记·檀弓下》）

注释

①寝：后宫。②趋：快走。③曩者：刚才。④开予：开导我。⑤子、卯：古人认为不吉利的日子。⑥亵：亲近。⑦亡：同"忘"，忘记。⑧匕：古代食器，像汤勺。⑨觯：一种盛酒的器皿。⑩爵：古代酒器，这里指举杯献酒。

道理

中肯地指出别人的不足值得赞赏，而能够倾听别人的意见，更应该得到肯定。

8. 赵文子觅贤主

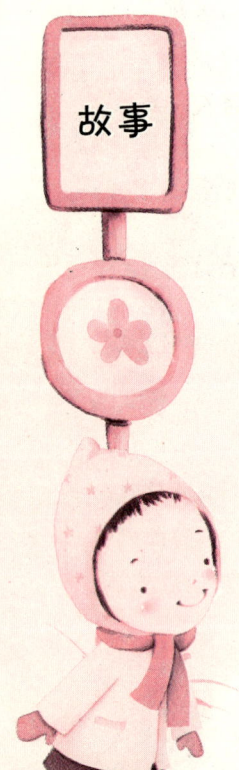

故事

赵文子和叔誉两个人受国王的差遣，一同到九原去巡视。

他们一路上边走边聊，谈到人的生死这样一个话题时，赵文子饶有兴趣地说："如果我死后还有机会复活，同时我也有机会选择一个称心如意的君王，那我跟随谁好呢？"

叔誉想了一会儿，试探性地回答道："那你就跟随阳处父吧。"赵文子听了后一直摇头，说："他这个人是不错，但他的弱点也不少啊！他在晋国执政的时候专横刚直，弄了个不得善终的下场，我觉得他的才智不值得称道。"

叔誉又想了一下，蛮有信心地说："既然这样的话，那你就不如跟随舅犯吧！"说完他微笑着看着赵子文，没想到赵文子的话比刚才更加严厉，他颇为生气地说："舅犯这个人平时还行，但是当见到利益时就谁也不会考虑，哪怕是自己的国君，他所谓的仁德也没有什么值得称道的地方。思前想后，把那些被别人高度评价的人考虑了个遍，我还是跟随武子吧。他不但能为自己的国君谋利益，同时又能顾全自己的福利；既为自己打算，又不忘记朋友，这样的人更加珍贵啊！"

平时，赵文子看上去没有什么出奇的地方，甚至不如一般人。他身体柔弱得像架不起衣服，说起话来迟钝得像说不出口一样，但是他为晋国推荐的七十多个管理仓库的小官，生前不贪求私利，临死时也没有托请谁照顾自己的孩子，或者向国家提出什么要求。所以，在晋国，几乎所有的人都认为，赵文子善于发现人才，是一个有眼力的贤士。

守节忠职

原文

赵文子与叔誉①观乎九原。文子曰:"死者如可作②也,吾谁与归③?"叔誉曰:"其④阳处父乎?"文子曰:"行并⑤植⑥于晋国,不没⑦其身,其知⑧不足称也。""其舅犯乎?"文子曰:"见利不顾其君,其仁不足称也。我则随武子。利其君,不忘其身;谋其身,不遗其友。"晋人谓文子知人。文于其中退然如不胜衣,其言呐呐然如不出诸其口。所举于晋同管库之士七十有余家。生不交⑨利,死不属⑩其子焉。

(《礼记·檀弓下》)

注释

①叔誉:即羊舌肸(xī),晋国大夫,字叔向。②作:起。这里的意思是复活。③吾谁与归:我追随谁呢?④其:大概。⑤并:专横。⑥植:通"直",刚直。⑦没:终。⑧知:通"智"。⑨交:求。⑩属:通"嘱",托付。

道理

人不可貌相,有些人虽然相貌平平,但却有眼力,有才干,是社会的精英。

9. 火烧介子推

故事

当年晋献公所宠幸的妃子骊姬，为了让自己的儿子继承王位，便使计离间献公与申生、重耳、夷吾父子兄弟之间的感情，又设计杀死了太子申生，重耳也接连遭到迫害，险些丧命，于是逃出了晋国。当时晋国有很多人都跟随了重耳，介子推就是其中之一。

重耳在外辗转避难的时候，可谓风餐露宿，寄人篱下。今天投靠这个，明天投靠那个，流亡于诸侯国之间，困窘贫困极了。身边有些随行的人忍受不了这种艰苦，纷纷各自逃命去了，但介子推却一直不离开他，而且对他肝脑涂地、忠心耿耿。

据说有一次，一个叫头须的人偷光了重耳的粮食，跑到深山里去了。重耳没有了粮食，吃不上饭，介子推就割下大腿的肉给他吃。介子推之所以这样做，是因为那时的重耳有着受他拥戴的道德品行。

后来，重耳在秦穆公的帮助下回国继承君位，拥有万辆兵车，成了春秋五霸之一的晋文公，但介子推却借口说不想要功名利禄，隐居到绵山里去了。介子推心里清楚，这时的晋文公已经变了，他在困难的时候能共患难，但在和平时期却不能共富贵，这样的国君是不能长久相伴的。

介子推隐居绵山后，晋文公曾派人多方寻找，并答应把绵山的田地封给介子推，但介子推还是不肯出现。后来，晋文公亲自到绵山去找，介子推还是不肯出现。于是晋文公听人建议，就放火烧山，心想用火可以把介子推逼下山来。没想到，大火熄灭之后，却发现介子推抱着树干，和母亲一起被烧死了。

守节忠职

原文

今晋文公出亡①,周流天下,穷矣,贱矣,而介子推不去,有以有之②也。反③国有万乘,而介子推去④之,无以有之⑤也。能其难,不能其易,此文公之所以不王⑥也。

（《吕氏春秋·季冬纪第十二·介立》）

注释

①出亡：逃亡。②有以有之：有他不离开的理由。③反：同"返"。④去：离开。⑤无以有之：没有他不离开的理由。⑥王：成为有德之王。

道理

在现实生活中,一个可以同患难共富贵的朋友尤为珍贵,要好好珍惜。

10. 楚文王封鬻嘻

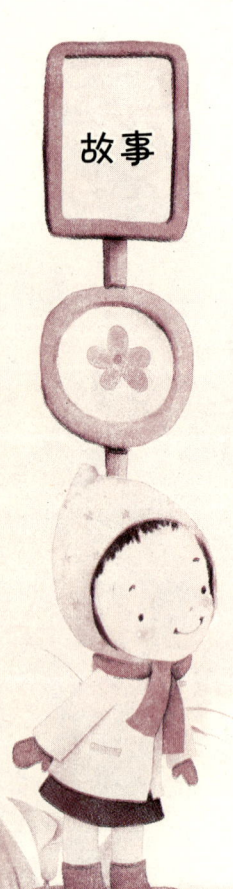

楚文王是春秋时期楚国的一位有作为的国君。他在位的时候，东征西讨，楚国国势强盛，成为南方的霸主。

尽管是一位有作为的国君，他也有一些不足的地方。楚文王灭掉息国的时候，占有了天下第一美女息妫（guī），天天和她缠绵厮守，一连数月不上朝，把国家大事都抛到九霄云外去了。

这时，楚国有一个叫鬻嘻的臣子实在看不下去了，在楚文王和息妫饮酒作乐时，他走进王宫，也不管楚文王和息妫的面子过得去过不去，就把楚文王数落了一通，说了些"国君不能沉湎于酒色"、"一国之君应该有一国之君的样子"之类的话，弄得楚文王和息妫很不高兴。鬻嘻离开不久，楚国的另一个大臣申侯伯也来了，和鬻嘻不一样，他顺着楚文王的心意，说了一大堆阿谀奉承的话，楚文王感到很受用，于是当场就赏赐了申侯伯。

后来，楚文王出兵攻打黄国，因为劳累过度而病重。他知道自己不久于人世，就对身边的大夫们说："鬻嘻这个人总是拿道义来干涉我的生活，依据礼乐来违背我的心意。所以，我跟他在一起，老受他约束，感到很不自在。但是久而久之，我却从中明白了很多道理。如果我不亲自授予他爵位，后代若有圣人，就会以此来贬责我的。"大夫们都很赞同，于是就授予鬻嘻五大夫的爵位。

接着又谈到申侯伯，楚文王说："申侯伯这个人，喜欢顺着我的意思，跟他相处，我感到心情舒畅。可是时间一长，我发现他对我一点好处也没有。"于是就送了一些礼物给申侯伯，请他离开了。

【守节忠职】

原文

荆文王①曰："苋嘻(Xiànxī)数犯我以义②,违我以礼,与处则不安,旷③之而不谷④得焉。不以吾身爵⑤之,后世有圣人,将以非⑥不谷。"于是爵之五大夫。

（《吕氏春秋·仲冬纪第十一·长见》）

注释

①荆文王:即楚文王。②犯我以义:拿"义"来干涉我。犯,干涉,冒犯。③旷:时间久。④不谷,春秋时期诸侯的谦称。⑤爵:封爵。⑥非:批评。

道理

忠言逆耳,所以有人不爱听;假话顺心,所以有人不知其害。

五、忠诚孝敬

ZHONGCHENGXIAOJIN
CHUDUGUOXUE

1、高山流水

2、尧敬贤士

3、管仲荐贤

4、齐桓公伐楚

5、孝敬父母

6、鹿乳奉亲

7、不食美味

8、子路背米

9、孝子闵子骞

10、劝谏父母

1. 高山流水

故事

武汉市汉阳区龟山西麓,有一座古琴台,又名伯牙台。相传春秋战国时期,有一位姓俞字伯牙的琴师在此抚琴,并演绎了一段关于知音的佳话。

时值中秋之夜,伯牙乘着船在汉江上游览,忽然下起大雨来,伯牙只好将船停泊在山崖下。不一会儿,雨过云开,江上清风吹来,山间月光如洗。面对如此美景,伯牙兴致大发,就对童子说:"将琴取来,我要乘兴抚琴一曲,也不辜负了这样的好景致!"

伯牙调好琴弦,凝神静气,万千思绪随着悠扬的琴音落在江面之上,飘于山谷之间。正当他极有兴致地弹奏时,忽然看见一个樵夫背着一捆柴站在岸边,饶有兴味地听他弹琴。伯牙心里想:一个在山里打柴的人,竟也在这里听琴,真是可笑。但转念一想:这夜深人静的时候,有家不回,在这里听琴,或许他懂些音律不成?于是就将樵夫请上船来,询问其姓名,知道他叫钟子期。

于是伯牙便弹起赞美高山的曲调,表现出攀登高山的志向,钟子期说:"琴弹得太好了!我仿佛看到一座高山,就像高耸入云的泰山一样巍峨!"过了一会儿,琴声表现出随流水奔流的志向,钟子期又说:"琴弹得太好了,我仿佛看见一江宽广浩荡、滚滚奔腾的流水!"伯牙听了他的话诧异无比,连忙站起来握住他的手,激动地说:"知音啊!今天我遇上知音了!"

过了一年,伯牙又路过龟山,便想顺路去拜访钟子期,可这时钟子期已经病故数月了。

伯牙听到这个噩耗,五脏俱裂,泪如泉涌,悲痛不已。他认为世上再没有值得为之弹琴的人了,于是将琴摔为两截,将琴弦全都扯断,立誓终身不再弹琴。

后来,有人就在龟山西麓建了一座琴台,来纪念俞伯牙和钟子期。

原文

伯牙鼓琴,钟子期听之。方①鼓琴而志在太山②,钟子期曰:"善哉乎鼓琴!巍巍乎若太山。"少选③之间,而志在流水,钟子期又曰:"善哉乎鼓琴!汤汤(shāngshāng)④乎若流水。"钟子期死,伯牙破琴绝弦,终身不复鼓琴,以为世无足复为鼓琴者。

(《吕氏春秋·孝行览第二·本味》)

注释

①方:刚刚。②太山:即泰山。③少选:须臾,一会儿。④汤汤:水大流急的样子。

道理

知音珍贵,知音难觅,人生得一知音足矣。

2. 尧敬贤士

有一次,尧到南方巡视,经过德山,发现这里的民风和别处不同,百姓生活安康,知书达理,尧便对随从说:"此处民风如此淳厚,想必隐居着一位有崇高德行的贤人。"于是便向村民细细询问,才知道有一个叫善绻的人,在山上开设讲坛,不时以道德教化百姓,引导民众,因此这里民众的智慧都得到了开化。

尧于是上山,去拜访善绻。只见他头戴棉帽,身穿麻布衣服,端正地坐于坛上讲学,下面听讲的人不计其数。尧见不便打扰,便垂着手默默地站在一旁聆听,刚听一会,便被他所讲的道理深深地折服了。一个时辰之后,讲学方才完毕,尧赶紧小步走上前去,说:"本人路过此处,看见这里民风迥(jiǒng)异,社会安定,因而特来向您请教开启民智的道理。"说完,便放下帝王的身份,行拜师之礼。按照当时的礼仪,天子面朝南君临天下,以显示身份的显贵;大臣们面向北朝觐(jìn)天子,以表示自己的卑微。尧是天子,但他竟然面朝北恭敬地向善绻请教。

尧的随从见他这样恭敬地拜善绻为师,觉得尧太不注意自己的身份了,私下里都议论纷纷,说尧是一国之君,善绻只是一介平民,尧怎么能这样过分地礼遇他呢?他们只知道善绻是一个普通人,却不知道善绻也是一位得道的贤士。对待得道的贤士,是不可以傲慢的,他们哪里懂得这其中的道理呢?

自古以来,贤明的天子都会礼贤下士,更何况是选择自己的老师呢?尧知道,论德行和才智,自己比不上善绻,所以就面向北恭敬地向其讨教,这是无比贤达的典范啊!

原文

尧不以帝见善绻(quǎn)①,北面②而问③焉。尧,天子也;善绻,布衣也。何故礼之若此其甚也?善绻,得道之士也。得道之人,不可骄④也。尧论其德行达智而弗若,故北面而问焉。此之谓至公。非至公其孰能礼贤?

(《吕氏春秋·慎大览第三·下贤》)

忠诚孝敬

注释

①善绻:人名。②北面:面向北面。③问:请教。④骄:傲慢地对待。

道理

尊敬老师,敬重贤人,其实是对人才的重视和对知识的尊重。

3. 管仲荐贤

故事

在中国历史上有一段佳话,这就是著名的"管鲍之交",管、鲍分别指管仲与鲍叔牙。

管仲曾经说过:"生养我的是父母,但真正了解我的是鲍叔牙。"在齐桓公要任用鲍叔牙为相的时候,鲍叔牙推荐了管仲,促使齐桓公忘却一箭之仇,破格提拔了管仲,尊称管仲为"仲父",但管仲并没有因此而偏私鲍叔牙。

管仲病得很重的时候,齐桓公去探望他。在病榻前,齐桓公问长问短,最后才小心翼翼地问出这样的问题:"您的病已经很重了,如果万一您的病情危急,不幸离我而去,将由谁来接替您继续扶持我治理国家呢?"说完,齐桓公不禁潸(shān)然泪下。

按照常理,管仲一定会推荐鲍叔牙的,但管仲却没有。

他撑起身子,对桓公说:"在我身体好的时候,竭尽全力,想去了解和发现一个这样的人,但我始终没有物色到。如今我命若游丝,又怎么能来解决这样的大事呢?"齐桓公说:"这的确是关乎国家治理的大事啊!您不帮我还指望谁来帮我呢?万望您能给我指点迷津呀!"管仲只好答应了。

管仲委婉地问齐桓公:"您想任用谁呢?"齐桓公说:"您看鲍叔牙怎样?"管仲回答说:"不行。对于鲍叔牙的为人我是最了解的。鲍叔牙一生清白廉洁,看待不如自己的人,不屑与之为伍,偶然听到别人有所过失,他便终生不会忘记。如果实在没有别人的话,那就用隰朋吧。隰朋这个人,既能牢记先世贤人而效法他们,同时又能不耻下问。他对自己要求很高,又能怜惜不如自己的人。他对于国政,不该问的,从来也不去打听;对于事物,不该他了解的,他也从来不去过问;对于别人,无关大节的事,他一向装着看不见。实在没有办法就用隰朋吧。"

原文

忠诚孝敬

管仲有病,桓公往问之,曰:"仲父之病矣。渍(zì)①甚,国人弗讳,寡人将谁属国?"管仲对曰:"昔者臣尽力竭智,犹未足以知之也。今病在于朝夕之中,臣奚能言②?"桓公曰:"此大事也,愿仲父之教寡人也。"管仲敬诺,曰:"公谁欲相?"公曰:"鲍叔牙可乎?"管仲对曰:"不可。夷吾善鲍叔牙。鲍叔牙之为人也,清廉洁直;视不己若者,不比于人;一闻人之过,终身不忘。勿已③,则隰(xí)朋④其可乎?隰朋之为人也,上志而下求⑤,丑不若黄帝,而哀不己若者。⑥其于国也,有不闻也;其于物也,有不知也;其于人也,有不见也。勿已乎,则隰朋可也。"

(《吕氏春秋·孟春纪第一·贵公》)

注释

①渍:染病。②奚能言:能议论些什么。③勿已:不行的话,不得已的话。④隰朋:姜姓,出生于齐国公族。春秋时期齐国大夫,朋氏鼻祖。⑤上志而下求:既能学习世贤,又能不耻下问。⑥丑不若黄帝,而哀不己若者:自愧其德不如黄帝,又怜惜不如自己的人。

道理

不以亲疏远近来评价人、使用人,一心为国家考虑,这是品格高尚的人。

4. 齐桓公伐楚

故事

在春秋时期，齐国为五霸之一，国力很强，经常征伐其他国家。

公元前656年，在齐桓公的率领下，召集了宋国、陈国、卫国、郑国、许国、曹国等诸侯国攻打蔡国，弱小的蔡国很快就被击溃了。之后，齐国又率领各诸侯的军队去讨伐楚国。

楚国国王赶紧派人到诸侯军队中，对他们说道："你们居住在北方，我们居住在南方，完全是井水不犯河水啊！没想到你们来到我们的地方，为什么啊？"

这时齐国的大夫管仲回答说："以前姜太公命令我的先君齐太公说：'所有的诸侯国，你都可以讨伐它，用这办法来监督它们辅佐周朝王室。'他还赐给我们先君鞋，赋予我们权力，向东可以到达东海，向西可以到达黄河，向南可以到达穆陵，向北可以到达无棣。我再问问你们，让你们楚国进贡的苞茅为什么没有进贡？周朝国王祭祀缺乏供应，没有东西用来滤酒，我就是来征收的。还有，周昭王南巡却没有回去，我问你这是怎么回事？"面对齐国的兴师问罪，楚国的使者回答说："贡品没有进贡，是我国国君的错误，哪敢不进贡呢？周昭王不回去的事，你请到汉水边去问吧！"

联合军队又向前进，驻扎在陉地。到了夏季，楚国国王又派大夫屈完到诸侯联军里去交涉。齐桓公布好联军阵营，和屈完一起乘车检阅，实际上是向楚国炫耀诸侯联军的实力。屈完看后说："您若以德安抚诸侯，谁敢不服？您若用武力，楚国将把方城作为城墙,汉水作为城隍,同你们周旋。你们虽然人马众多,也是没有地方施展的!"齐桓公听出了屈完言下的强硬态度,便放弃了继续攻打楚国的打算,同楚国在召陵签订盟约后撤兵。

一场大战,就这样被化解了。

原文

四年春王正月,公会齐侯、宋公、陈侯、卫侯、郑伯、许男、曹伯①侵蔡。蔡溃,遂伐楚,次于陉②。夏,许男新臣卒。楚屈完③来盟于师,盟于召陵④。

(《春秋·僖公四年》)

注释

①齐侯、宋公、陈侯、卫侯、郑伯、许男、曹伯:齐侯,齐桓公。宋公,宋桓公。陈侯,陈宣公。卫侯,卫文公。郑伯,郑文公。许男,许穆公。曹伯,曹昭公。公、侯、伯、子、男,为爵位的称呼。②次于陉:次,驻扎。陉,楚地,在今河南省郾城县南。③屈完:楚大夫。④召陵:地名,在今河南省郾城县。

道理

用武力胁迫他人,只能招来更强烈的对抗,而德政可以化解战争。

5. 孝敬父母

故事

孔子曾说:"天子应竭尽爱敬之心去侍奉自己的父母,再以道德教化施行于华夏百姓之中,并作为四方各族效法的榜样,这大概就是天子孝道的要求吧。"

虞舜就是这样的一个帝王。

相传在唐尧时代,有一个叫舜的人,是瞽(Gǔ)叟的儿子。舜的父亲是个盲人,不讲道德,他的母亲早逝,他的继母品德也很差,常爱说别人的坏话,做些挑拨离间的事。舜还有个同父异母的弟弟,名字叫象,更是骄纵凶狠。生活在这样的家庭里,他的父母和弟弟都待舜不好,甚至几次想害死他:让他修补谷仓仓顶时,从谷仓下纵火,舜手持两个斗笠跳下逃脱;让舜掘井时,瞽叟与象却推土填井,舜掘地道逃脱。可是,舜对他的父母和弟弟没有一点怨恨,始终对父母非常恭顺孝敬,对弟弟百般的慈爱。尽管这样,舜最后还是被家人赶出了家门。

舜没有灰心,在历山脚下,自己动手开垦荒地,自己耕种,过着孤寂的自耕自食的单身生活。他的行为感动了万物,大象跑来用它的大长鼻子帮他耕地,鸟儿闻讯飞来帮他锄草。

后来,附近的百姓都受到了他的影响,喜欢与他结邻而居,没有多长时间,舜所在的历山脚下成了一个很热闹的"都会"。渐渐的,舜的孝心越传越远,一直传到了当时的帝王尧的耳朵里。尧为之而感动,就派强壮的劳力去帮他耕种,而且还把自己的两个女儿娥皇和女英嫁给了舜做妻子。尧的年龄越来越老了,让谁来继承他的帝王之位呢?尧决定把帝王的位置传给具有孝心的舜。

就这样,舜成了上古时期的五帝之一。

舜登上了帝王之位,并没有忘记孝敬他的父亲,他常常去看望他的父亲,仍然是恭恭敬敬。他还教育他的异母弟弟象,让他改邪归正。

舜作为帝王,带头行孝,在他治理的时代,百姓家庭和睦,社会稳定,这都和舜的孝分不开。

原文

子①曰:"爱敬尽于事亲,而德教②加③于百姓,刑④于四海⑤。"

(《孝经·天子章第二》)

注释

①子:孔子。②德教:道德修养的教育,这里指孝道的教育。③加:施加。④刑:通"型",典范,榜样。⑤四海:指全天下。

道理

心存感恩,用爱来对待周围的人,哪怕是坚冰也会被真诚所融化。

6. 鹿乳奉亲

在周朝，有个人叫郯(Tán)子，出生在鲁国。郯子从小就十分孝顺他的父母，他的孝顺行为，给父母的生活带来了无尽的快乐。

随着时光的流逝，郯子一天天地长大了，转眼间在父母的面前长成了个大小伙子，而父母却在一天天地衰老。老人年龄大了，各种疾病也接踵而来，身体越来越不方便。这一年，两位老人突然得了眼疾，而且越来越严重，当时缺医少药，两位老人非常痛苦。最后，两位老人的眼睛几乎要瞎了。他们内心很苦闷，陷入了对生活的绝望之中。父母终日忧叹，脸上的皱纹变深变多了，生活好像变成了一潭死水。

郯子已经长大成人，面对父母的痛苦，他心里很难过。难道能让生养了自己的父母在黑暗中度过余生吗？能有什么办法让父母的眼睛好起来呢？郯子一边帮父母做事，耐心地安慰父母，一边走街串巷到处寻医问药，想办法医治父母的眼疾。

虽然父母疾病缠身，但有孝顺的郯子精心地照料和耐心地安慰，两位老人的心里还很欣慰，家里经常回荡着欢笑声。

终于有一天，郯子听人说鹿乳可以治眼病，郯子好像看到了治好父母眼病的希望。他要去寻找鹿乳，不管有多困难也要把两位老人的眼睛治好。

要想从母鹿身上取来乳汁，谈何容易！大家都知道，鹿是野生动物，人是根本无法接近母鹿的，更别说取母鹿的乳汁了。郯子整夜未眠，终于想出了一个办法——乔装改扮，披上鹿皮，扮成一只小鹿，钻进深山寻找鹿乳。由于郯子的装扮非常逼真，还仿照小鹿的姿势和动作，所以当他进入到鹿群栖息的地方后，并没有惊动鹿群，也没有引起母鹿的怀疑。终于，他小心翼翼地取到了鹿乳。

郯子激动万分，竟忘记脱去身上的鹿皮，手捧鹿乳拼命地往家跑,途中正好有猎户在打猎,还以为遇到了鹿,抬手就要射。郯子赶忙停下,站直身子,喊到:"千万不要射我,我是人,不是鹿。"猎人这才知道看到的是一个人。他们很惊讶,上前问道:"你怎么一个人在这里?还扮成这个样子?"郯子向猎人解释说:"家中父母双眼失明,听说鹿乳可以救治,我特意来这里找些回去。"猎户听后,称赞郯子是一个孝子,为了父母,可以冒着生命危险进入深山,其胆识和智慧令人佩服。

忠诚孝敬

原文

用天之道①,分地之利②,谨③身节用④,以养父母,此庶人⑤之孝也。故自天子至于庶人,孝无终始,而患不及者⑥,未之有也⑦。

(《孝经·庶人章第六》)

注释

①用天之道,按时令变化安排农事。天之道,指季节变化等自然规律。②地之利:应当分别情况,因地制宜,种植适宜当地生长的农作物,以获取地利。③谨:谨慎。④节用:节约用度,节省花销。⑤庶人:百姓,大众。⑥患不及者:害怕做不到。⑦未之有也:没有这样的事情。意思是孝行是人人都能做到的,不会做不到。

道理

自古至今,从上到下,孝道是人世间至高无上的做人准则。

7. 不食美味

曾子以孝著称于世。

曾子少年时家境贫寒，常常一个人进入深山打柴。有一天，他吃过午饭便到山里去砍柴，他母亲独自一人在家里。在他刚进山不久，家里来了客人，母亲一人在家，她很为难：如果出去买东西，把客人放在家里，没人招待，不礼貌；如果不出去，家里又没有东西招待客人，一时不知该怎么办。情急之下，母亲就用牙咬破自己的手指。她认为母亲与儿子的心是相通的，她希望能让曾子感觉到。

这时，正在砍柴的曾子忽然觉得心口一阵疼痛，他觉得一定是母亲在呼唤自己，便背着柴火迅速返回家中。到了家里，他急忙问母亲缘故，母亲说："有客人忽然到来，我咬手指盼你回来。"这时客人还没有走，曾子帮母亲招待客人，待客人走后，他跪在母亲的面前，请母亲告诉他为什么家里来了客人他会心痛？母亲扶起曾子说："家里突然来了客人，可是家里又没有招待客人的东西，我见你还没有回来，就咬破了手指，我想我们母子连心，你必定会有感觉，能早点回来帮我招待客人。"在《二十四孝图》中便有这样的记载：母指方缠啮，儿心痛不禁。

曾子侍奉自己的父母，每天晚上一定要铺好床铺，每天早晨一定要到父母的房间去探望慰问，父母的住宿他要调节冷暖，父母的饭食他要亲自调和咸淡，尽心尽力地照料父母的衣食住宿。

曾子安身处世，包括出仕做官，都以能否奉养好双亲为出发点。曾子在莒地做官，只得到三秉粟的俸禄。这个时候，为了父母的温饱，曾子重视俸禄而不计较这俸禄是否能体现自身的价值。父母去世以后，齐国迎接他去做相国，楚国迎接他去做令尹，晋国迎接他去做上卿，曾子因为重视自身价值而拒绝了。

曾子不仅在父母活着的时候能够尽心孝敬父母,父母死后仍对父母念念不忘。曾子31岁时,父亲曾皙去世,曾子办理父亲的丧事,七天没喝一点汤水,把父亲埋葬在南武山下。为父亲出殡的时候,曾子悲痛万分,他攀着丧车拼命哭喊,拉丧车的人不忍心,只得停了下来。他对母亲也同样思念。有一次他吃生鱼,感觉味道很鲜美,因此把它吐了出来,别人问他什么原因,他说:"我母亲活着的时候不知道生鱼的味道,而我现在却吃到了生鱼的美味,所以就把它吐出来了,我不能独享这美味。"从此以后,曾子终生不再吃生鱼。

原文

子曰:"孝子之事亲①也,居②则致③其敬,养④则致其乐⑤,病则致其忧⑥,丧⑦则致其哀,祭则致其严。"

(《孝经·纪孝行章第十》)

注释

①事亲:侍奉双亲。②居:平日家居。③致:尽。④养:奉养。⑤乐:欢乐。⑥致其忧:充分地表现出忧伤焦虑的心情。⑦丧:指父母去世,办理丧事的时候。

道理

孝敬父母,重要的是时刻把父母挂在心头。

8. 子路背米

孔子的学生中有个叫子路的,他正直、刚强。子路19岁时投入孔门,终身以孔子为师,追随孔子周游列国。子路不仅是一名学生,还是一名有勇力的壮士,时刻保护着孔子,在孔子的弟子中以政事著称,尤其以勇敢闻名。

子路也是个十分孝顺的人。

当时,他家里非常贫穷,衣食住行都很窘迫,每天吃的都是黍、薯一类的粗粮。为了能让父母吃上香喷喷的大米饭,他不辞辛苦,常常把很重的黍、薯背到很远的市场上去换大米,再不辞辛苦地把米背回来。黍和薯换成了大米,留给子路的粗粮就更少了。子路身材高大,吃得多,因而常常饿肚子。但是,他看到父母能吃上大米饭了,心里依然乐滋滋的。

后来,年迈的父母先后去世,子路离开了家乡,去南方游历。他来到楚国后,楚王敬重他的为人与才识,就聘请他在楚国做官,受到了楚王重用。做了官以后,拿到的俸禄多了,他的生活也发生了巨大的变化:穿的是华丽的官服,住的是富丽堂皇的殿堂,每次外出跟随的车马都有一百多乘!吃的更是不能与从前相比,家里的粮仓里堆满了白花花的大米。

这时他有了尊贵的地位,过着极为富裕的生活。然而,他心里却很想念自己去世的父母,怀念以前孝顺父母的日子。他时常感慨地说:"我现在虽然富有,却很怀念以前的艰苦生活,还很想像以前那样吃黍、薯一样的食物,到很远的市场背回大米供养父母。可是如今父母都不在了,我这一辈子再也没有那样的机会侍奉他们了。"

子路做了官，生活改变了，但是依然孝心不改，精神可嘉，被世人奉为楷模。他的事迹被记载于《二十四孝图》中。

忠诚孝敬

原文

子曰："教①民②亲爱，莫善于孝。"
（《孝经·广要道章第十二》）

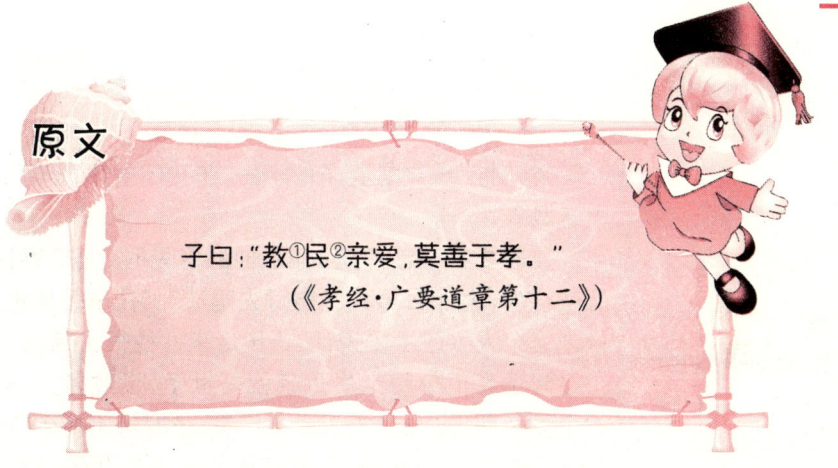

注释 ①教：教育，教化。②民：百姓，民众。

道理 孝道要在实际行动中体现，看似平常的行动，远比那些天花乱坠的语言更有感染力。

9. 孝子闵子骞

闵（Mǐn）子骞是孔子的学生，在孔门中德行与颜回并称，为七十二贤人之一。

鲁国要扩建新库房，征求他的意见时，他批评说："原来的库房就很好，为什么再劳民伤财去建造？"孔子赞成他的意见，赞扬说："这个人平时不爱说话，讲出话来往往很正确。"

闵子骞很小时亲生母亲就去世了，没过多久，他父亲又娶了一个妻子刘氏。自从刘氏进了闵家，子骞经常受到继母的虐待。后来刘氏生了两个儿子，她对那两个亲生的儿子非常偏爱，而对子骞却毫无怜悯之心，呼来唤去，当佣人使唤。刘氏总是将好的东西留给她的两个儿子，而给子骞最差的东西。

子骞是个懂事的孩子，他明白孝顺父母是每一个为人子者应尽的义务。因此，尽管他的继母百般地虐待他，但他不计较这些，仍然孝顺后母，没有一点儿忌恨的表现。

寒冷的冬天到了，继母的两个儿子穿的都是棉花做的棉衣，而闵子骞穿的却是芦花做的棉衣。芦花不能保暖。有一天，父亲刚从外面回来，看到正在干活的闵子骞冻得发抖，而另外两个儿子却是面色红润。父亲很生气，以为闵子骞偷懒，就用鞭子打他。鞭子把棉衣抽破了，露出了芦花，父亲一下子明白了真相，知道刘氏虐待子骞，要把刘氏赶走。闵子骞一见，跪在地上哀求父亲说："母亲在，只有我一个人受冻，母亲如果离开，那么我们兄弟三人都会受冻。"父亲听他说的有道理，打消了赶走刘氏的念头。

闵子骞不但宽恕了继母，还真诚地为继母求情，这绝不单单是孝顺，还包含了善良、宽容和仁爱。

忠诚孝敬

原文

子曰:"君子之事①亲孝,故忠可移于君。事兄悌②,故顺③可移于长。居家理,故治可移于官④。是以行⑤成于内,而名立⑥于后世矣。"

(《孝经·广扬名章第十四》)

注释

①事:侍奉。②悌:敬爱哥哥,引申为顺从长上。③顺:顺从。④官:为官。⑤行:指孝、悌、善于理家三种好的品行。⑥立:树立,这里指名声长远流传。

这段话的意思是说:由于君子侍奉父母很孝顺,所以能够忠君;由于能尊敬兄长,所以能顺从官长;由于治家有方,所以可以治理国政。因此,君子在家门之内奉行孝、悌、理三德,就可以树立自己的形象并且扬名后世。

道理

不要为严冬的冷酷而放弃明媚的春天,不要因为别人对自己一时不好,而去以同样的方法对待别人。

10. 劝谏父母

故事

有一天,孔子与他的学生曾子在一起讨论关于孝道的问题。曾子说:"有关敬爱父母、孝顺父母、让父母安心、扬名于后世的道理,学生都已经明白了。"学生还想冒昧地问一个问题,如果做儿子的绝对听父亲的命令,是不是就可以称作孝呢?"

没有想到,孔子生气地说:"瞧你说的什么话!瞧你说的什么话!"

曾子是孔子的得意门生,从来没有见过老师对自己发这么大的火,一时不知所措。

孔子接着说:"从前,天子身旁设有七位谏诤大臣,即使天子一时违反了王道,有人提醒他改过,他也不会失去他的天下;诸侯身边设有五位谏诤大臣,即使诸侯一时违反君道,有人提醒他改过,他也不会失去他的封国;卿大夫身边也设有三位谏诤的臣子,即使卿大夫一时违反臣道,有人提醒他改过,他也不会失去他的采邑;士人如果有敢于谏诤的朋友,那么,他就不会失去美好的名声;做父亲的如果有敢于谏诤的儿子,那么,他就不会陷于不义之中。"

说到这里,孔子的口气开始缓和起来:"所以,当父亲、天子、诸侯即将陷入不义的时候,做儿子的就不能不对父亲进行谏诤,做臣子的就不能不对天子、诸侯进行谏诤。"

曾子一边听,一边不住地点头。孔子继续说:"所以,当父亲将要陷入不义时,做儿子的就应当谏诤。如果这时还是一味地听从父亲的话,又怎能称得上是孝子呢?多少年来,人们对孝道的理解有很多误解,认为绝对地听从父母就是孝道,连父母的错误也要迁就,其实这是害了父母。对待父母、天子、诸侯、卿大夫、朋友,都是一个道理啊!"

曾子听了老师孔子的一番话,茅塞顿开,明白了孝道不是无原则的。

原文

曾子曰:"若夫①慈爱、恭敬、安亲、扬名,则闻命矣。敢问子从父之令,可谓孝乎?"子曰:"是何言与②,是何言与!昔者天子有争臣七人③,虽无道,不失其天下;诸侯有争臣五人④,虽无道,不失其国;大夫有争臣三人⑤,虽无道,不失其家;士有争友,则身不离于令名⑥;父有争子,则身不陷于不义。则子不可以不争于父,臣不可以不争于君;故当不义,则争之。从父之令,又焉得为孝乎!"

(《孝经·谏诤章第十五》)

注释

①若夫:句首语气词,用于引起下文。②与:通"欤",句末语气词,表感叹或疑问的语气。③天子有争臣七人:天子的辅政大臣有三公、四辅,合起来是七人。争,通"诤",诤谏。④诸侯有争臣五人:诸侯的辅政大臣有五人,或说是三卿及内史、外史,合计五人。⑤大夫有争臣三人:大夫的家臣主要有三人。⑥令名:好名声。

道理

发现周围的人犯错误,不能迁就,劝其改错才是尊敬和爱护。

六、讽喻明理

FENGYUMINGLI
CHUDUGUOXUE

1、作舍道旁

2、不食嗟来之食

3、邻人偷斧

4、齐人夺金

5、树与鹅

6、宋人掘井

7、楚军渡河

8、乌获牵牛

9、闻仲兵败

10、子牙钓鱼

11、鸱鸮

1. 作舍道旁

故事

从前,有一个没有主张的人在大路旁边建一间住房。房子快要建好的时候,张三从那里经过,对他的房子认认真真、仔仔细细地端详了好一会儿,然后说:"房子怎么能这样建呢?假如我是这间房子的主人,我绝对不会这样建。"

那个没主张的人一听这话,连忙来到张三跟前毕恭毕敬地问道:"依张先生您的意思,这房子应该怎么建造呢?"

张三不紧不慢地答道:"你应该把房子拆了重建,使门窗的方向全都朝东,每天太阳一出来就能射进你的卧房,这样就可以养成早起的习惯,岂不更好吗!"

没主张的人听了连连点头道:"对,对,你这主意真不错,我马上照办。"于是,这间快要建好的房子,在张三的建议下被拆毁了。

一间门窗全都朝东的房屋眼看就要落成的时候,李四碰巧路过这里。他围着这间房子仔仔细细、认认真真地观察了好一阵子,随后对那个没主张的人说:"住房嘛,最要紧的是冬暖夏凉,而只有向南才能达到这样的要求,现在你的住宅向东,这怎么妥当呢?"

没主张的人一听点头应道:"对,对,你的说法很对!我要把这间房子改成门朝南的。"于是,这间房屋又被拆毁,第三次重建。

给这个没主张的人出主意的人越来越多,每一个出主意的人都有他的一套理由,没主张的人觉得他们的意见都是对的,于是他的这间住房被一次次地拆了又砌,砌了又拆。

三年过去了,没主张的人还没有把他的住房建造好。

讽喻明理

原文

作舍道旁①，三年不成；会礼之家②，名为聚讼③。
（《后汉书·张曹郑列传第二十五》）

注释

①作舍道旁：在道路旁边建造住宅。②会礼之家：集合了许多礼学家。③名为聚讼：表面上是讨论，实际上是随口乱说。

道理

听取别人的建议没有错，但不能缺少自己的判断；凡建议就听，什么事都做不成。

2. 不食嗟来之食

战国时期，各诸侯国之间连年征战，老百姓不能安居乐业。家里年轻力壮的都被拉去当了兵，田地都不能及时耕种，还要上缴很多的赋税。如果风调雨顺收成好倒还罢了，如果碰上天灾，穷苦百姓的日子就没法过了。

这一年，齐国发生了大旱，一连几个月没下一滴雨，土地被烤裂了，庄稼被晒得枯死了。附近的树叶、树皮、草苗甚至草根都被吃完了，灾民们只好拖儿带女向异乡逃命，一路上又是饥饿，又是疾病，不知倒下多少人。可是这时候富人家里的粮仓却堆得满满的，贵族家里依旧是顿顿山珍海味。

当时有一个叫黔敖的人，是齐庄公时期的大夫。他见穷人一个个饿得皮包骨头，连走路都没有力气了，就在路旁摆下食物，救济灾民。渐渐的，到他这里吃饭的灾民多了起来，于是黔敖便觉得自己就是他们的救世主了，每当灾民过来的时候，就摆出一副盛气凌人的架势。

这天，一个瘦骨嶙峋的饥民走了过来，只见他蓬头垢面，身上穿着一件破衣服，脚上穿着一双破烂不堪的草鞋，用衣袖蒙着脸面，踉踉跄跄地走着——他显然已经有好几天没吃东西了。

黔敖见了，就左手拿着饭菜，右手端着汤，冲着他吆喝了一声："喂，过来吃！"黔敖满以为这个人见到食物会两眼放光，不顾一切地冲过来，可是这个人却像没有听见一样，并没有理睬他，自顾自走着。于是黔敖又呼喝道："喂，快过来，给你吃的！"那个人顿时张大眼睛，瞪着黔敖说："我就是不愿意吃这种嗟来之食，才沦落到这个地步。"黔敖一点也没有想到，他饿得走起路来都摇摇晃

晃了,竟然还保持着自己的尊严。于是连忙跟在他后面,向他赔礼道歉,并坚持请他用饭。但他还是不肯吃,最后终于被饿死了。

曾子听到这件事,就说:"这恐怕不大对吧。人家不礼貌地打招呼叫吃饭,当然可以拒绝,但在道歉之后,也就可以吃了,也不至于饿死啊!"

原文

齐大饥。黔敖(Qiánáo)为食于路,以待饿者而食之。有饿者蒙袂(mèi)①辑屦(jù)②,贸贸然③来。黔敖左奉食,右执饮,曰:"嗟(jiē)!来食!"扬其目而视之,曰:"予唯不食嗟来之食,以至于斯也!"从而谢④焉,终不食而死。曾子闻之,曰:"微⑤与!其嗟也可去,其谢也可食。"

(《礼记·檀弓下》)

讽喻明理

注释

①蒙袂:用衣袖蒙着脸。②辑屦:走路迈不开步子。③贸贸然:眼睛看不清的样子。④谢:道歉。⑤微:不应当。

道理

每个人都有自己的尊严,谁都没有权力践踏。

3. 邻人偷斧

古时候,有一个人准备进山砍柴,却发现斧子丢了,他找了半天也没有找到,于是就怀疑是他邻居家的儿子偷的。为了找回斧子,他决定跟踪监视邻居家的儿子。

这天,他看见邻居家的儿子出门,就紧紧地跟在他后面观察他。看着他走路的样子,觉得和平常人不一样,很像一个偷斧子的;又暗中观察他的脸色,觉得看起来不像一般人那样自然,像是偷了斧子的;又听他说话,觉得他说话吞吞吐吐,嘀嘀咕咕,也像是偷斧子的;再观察他的举止神态,觉得他没有一样不像偷斧子的。这个人觉得自己的判断很可靠,打心里认定自己的斧子就是邻居家的儿子偷的。但一时又找不到确凿的证据,也不能把人家怎么样,只是打心眼里瞧不起这个"小偷",背后不知道把人家骂了多少遍。

有一天,邻居家的儿子来他家借一把锄头,他觉得很不自在,心想"贼"进了家门了,可得小心,以防家里的什么东西又要被这个"贼"看中了。

数日之后,这个丢了斧子的人去城外的地里挖坑播种,却挖出了一把斧子,仔细一看,正是之前丢的那把。又过了几天,他又见到了邻居的儿子,再观察他的举止神态,觉得没有一样像偷斧子的。

自始至终,邻居家的儿子都没有偷过东西,平日里的行为态度也并不曾有什么改变,而这个丢了斧子的人自己却变得疑神疑鬼,对别人的看法也发生了变化。

讽喻明理

原文

人有亡斧者,意其邻之子。视其行步,窃①斧也;颜色,窃斧也;言语,窃斧也;动作态度,无为而不窃斧也。抇(hú)②其谷③而得其斧,他日,复见其邻之子,动作态度,无似窃斧者。其邻之子非变也,己则变矣。

(《吕氏春秋·有始览第一·去尤》)

注释

①窃:偷。②抇:挖掘。③谷:坑。

道理

戴上有色眼镜看待周围事物时,所看到的内容与自己的想象往往是接近的,也往往是错误的。

4. 齐人夺金

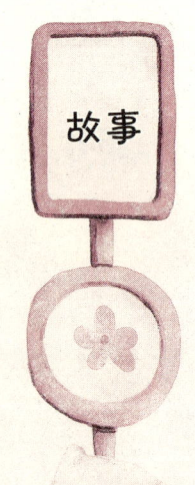

齐国有一个人，一心想得到金子。吃饭的时候想，睡觉的时候想，甚至干活的时候也想着如何才能得到金子，以至于看上去呆呆傻傻的。他家里人都以为他得了病或是中邪了，找了几个大夫和巫师给他看病，都没有瞧出什么名堂来。

这天清晨，他穿好衣服，戴上帽子，早饭也没有吃就出去了。家里人早见惯了他这样，也没有放在心上。

他径直来到街上，穿过熙熙攘攘的人群，来到一个卖金子的商铺前面，面无表情地站在那里。老板见有客人光顾，便笑逐颜开地迎了出来，问他要点什么，他也不答话，两眼放光，死死地盯着柜子上的金子。老板讨了个没趣，心想：这人准是想金子想疯了。正想赶他走的时候，来了一个顾客，要买一些金子。

这时，这个一心想得到金子的人突然眼珠子转了转，盯着那个顾客手里的金子迅速跳了过去，一把抓住人家的金子夺了过来。街上的人见他这样，都吓了一跳，赶紧报告了官府。

吏役们赶来，把他抓住，用绳子捆了个结实，并审问他说："平常我们只知道有贼会趁人家不在的时候偷人家的东西，没有见过像你这样的，买金人还在这里，你就抓取人家的金子，这是什么缘故呢？"他回答说："我根本就没有看见有人在我身边，我眼里只看见金子而已。"审讯的吏役们听了，相视而笑，说："这人真是疯癫到极点了。"

原文

讽喻明理

齐人有欲得金者,清旦,被①衣冠,往鬻(yù)金者之所,见人操②金,攫(jué)③而夺之。吏搏④而束缚之,问曰:"人皆在焉,子攫人之金,何故?"对吏曰:"殊⑤不见人,徒见金耳。"此真大有所宥(yòu)⑥也。

(《吕氏春秋·先识览第四·去宥》)

注释

①被:穿戴。②操:拿着。③攫:抓取。④搏:抓住。⑤殊:极,很,这里指根本的意思。⑥宥:通"囿",局限,拘泥。

道理

盲目地幻想,不会得到自己想要的财富,只有劳动才能创造财富。

5. 树与鹅

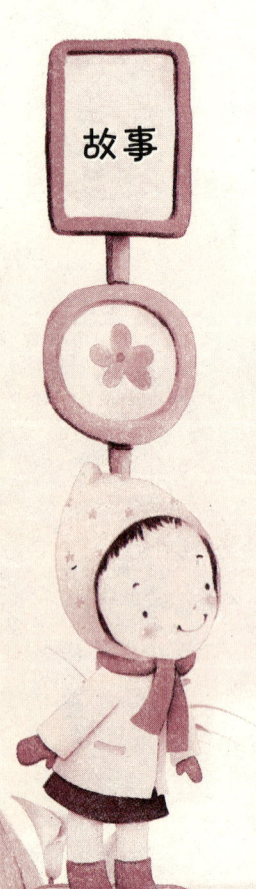

庄子，战国时我国著名的思想家、哲学家、文学家，是道家学派的代表人物，与老子合称"老庄"。

有一次，庄子要到一个老朋友家作客，途中来到一片山林。只见林中青松苍翠，绿草如茵，清澈的溪水哗哗流淌，犹如一首美妙动听的歌曲。面对如此优美的风景，庄子不由得放慢了脚步，欣赏起来。

不经意间，庄子看见一棵树，长得葱翠高大，枝叶非常繁茂，显得生机盎然。树的旁边，站着几个伐木的人，只见他们呆呆地望着它，并不拿斧子砍伐。庄子觉得很奇怪，就问："这棵树这么高大，你们却不砍下它，这是什么缘故呢？"伐木的人见他问，就笑了笑说："我也想砍倒它，劈开它，用它去做家具，做房檩，但是这棵树实在派不上用场啊！你看看它的树心就明白啦。"说完，便寻找别的大树去了。庄子不禁又抬头望了望这棵树，感叹道："这棵树因为不成材，竟然得以终其天年了！"

不久，庄子从山林中出来，来到一个小山村，在老朋友家住了下来。老朋友看见庄子来，非常高兴，连忙准备了酒肉，并让童仆杀鹅来款待他。

童仆得了吩咐就杀鹅去了，可不一会儿，童仆又回来向主人请示，说："家中养的两只鹅，一只能鸣叫，另外一只不能鸣叫，请问该杀哪一只呢？"主人的父亲在门外听见了，就说："杀掉那只不能叫的吧。"

树因无材而活，鹅因无材而死，情形完全不同。

讽喻明理

原文

庄子行于山中,见木甚美长大,枝叶盛茂,伐木者止其旁而弗取。问其故,曰:"无所可用。"庄子曰:"此以不材得终其天年矣。"出于山,及邑,舍(shè)①故人之家。故人喜,具②酒肉,令竖子③为杀雁④飨(xiǎng)之。竖子请曰:"其一雁能鸣,一雁不能鸣,请奚杀⑤?"主人之公曰:"杀其不能鸣者。"

(《吕氏春秋·孝行览第二·必己》)

注释

①舍:留宿。②具:准备。③竖子:童仆。④雁:鹅。⑤请奚杀:请问该杀哪一只呢?奚:何。

道理

人们做出的选择,都是从对自己是否有用来考虑的。

6. 宋人掘井

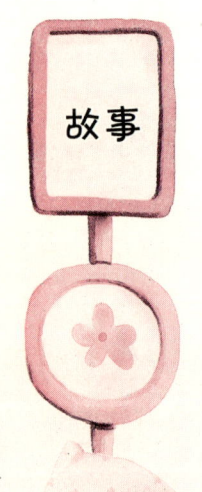

故事

宋国的城郊住着一户姓丁的人家，一家七口人，只有三个能干重活的劳力。他们家没有井，所以平时只能到外面很远的地方去打水。每次要取水的时候，总是要安排一个劳力在外面奔波。平时农闲的时候倒还罢了，一旦到了秋收农忙的季节，家中的劳动力就显得捉襟见肘了，经常要花钱请人帮忙。而且外出打水是一件很辛苦的事情，有时难免会嫌劳逸不均，因此一家人也曾闹出一些不和来。

有一天，他们家所有成员围在一起，开了一个会议，决定要挖一口井。说干就干，不多久他们挖的井里就冒出水来，一家人都为能喝上自家的井水而高兴不已。

于是，这户姓丁的人家就不再外出取水了，而且家里也省出了一个劳力，节省了不少开支。他家人高兴地逢人就说："我们家挖了一口井，就像多了一个人。"

有人听了这话，没弄清楚事情原委，便传言说："丁家挖了一口井，井里挖出来一个人。"一传十，十传百，不久全国的人都知道了这个"大新闻"，对此都议论纷纷。

后来这件事让宋国国君听到了，对这件奇事困惑不解，于是就派人向姓丁的人家询问这件事。姓丁的听了哈哈大笑，解释说："我们家劳力少，挖井之后不用安排人去外面打水了，家里便多了一个劳力，并不是说从井里挖出一个人来。"

讽喻明理

原文

宋之丁氏,家无井而出溉汲(jí)①,常一人居外②。及其家穿井,告人曰:"吾穿井得一人。"有闻而传之者曰:"丁氏穿井得一人。"国人道③之,闻之于宋君④。宋君令人问之于丁氏,丁氏对曰:"得一人之使⑤,非得一人于井中也。"求能⑥之若此,不若无闻也。

(《吕氏春秋·慎行论第二·察传》)

注释

①溉汲:打水。②常一人居外:常常要有一个人在外面。③道:议论。④闻之于宋君:被宋国国君听到了。⑤得一人之使:得到一个可以使用的劳力。⑥能:应当为"闻"字。

道理

话经过几次传递之后,可能最初的意思已经发生了改变,因此不要轻易相信那些道听途说的事情。

7. 楚军渡河

楚国人想袭击宋国，派出的大军驻扎在澭水以南的山谷里。楚军攻打宋国，必须要渡过澭水，而澭水是一条大河，水流湍急，而且暗礁林立，深浅不一。于是，楚军的将领就派了一个人去查看水势，看看有没有地方适宜渡河。

这个人得到命令，便来到澭水边，仔细测量了水的深浅和水流的缓急，然后选了一个水浅流缓的地方作为渡河地点，并在岸边树立了一个木桩作为标记。任务完成后，他便回来禀报说："现在澭水水势较急，但经小人测量，也有河水较浅、水流缓慢的地方，小人已经在适宜渡河的地方树立了木桩作为标记。"楚军将领听了大喜，当即下令全军："子时（夜里11点至1点）吃饭，丑时（夜里1点至3点）渡河。"

不想这天夜里，澭水上游突降暴雨，河水暴涨，水流比以前更加汹涌湍急。楚军并不知情，来到岸边，照着之前树立木桩的地方摸黑渡河。但此时这里已经变得水深流急，很多渡河的楚军都被河水淹没或冲走了。楚军顿时慌乱起来，前面的拼命挣扎想回头，后面的不知情，仍然前赴后继地渡河。人马相踏，哭喊声此起彼伏，就像城里的屋子倒塌一样。楚军将领看情形有点不对，赶紧下令停止渡河，清点人数，发现足足淹死了一千多人。

当初楚国人事先设置标志的时候，是可以顺着标志渡河的。但现在河水已经发生变化上涨了，楚国人仍然按照标志渡河，这就是他们所以失败的原因啊！

原文

讽喻明理

荆人①欲袭宋,使人先表②澭水。澭水暴益③,荆人弗知,循表而夜涉,溺死者千有余人,军惊而坏④都舍。向其先表之时可导也,今水已变而益多矣,荆人尚犹循表而导之,此其所以败也。

(《吕氏春秋·慎大览第三·察今》)

注释

①荆人:即楚国人。②表:做标记。③暴益:暴,突然。益,"溢"的本字,水漫出,引申为水涨。④坏:指毁坏、倒塌。

道理

事先做好准备是必要的,但也要考虑到一些可能的变化,做到因时制宜,因地制宜。

8. 乌获牵牛

一日,乌获和朋友在路上讨论全国哪个人的力气最大,乌获觉得只有自己是真正的英雄,自己的力气是全国最大的。

这时,有一个牧童牵着一头牛从路边走过。牧童牵着牛,一边和牛说着话,一边摇着手中用来驱赶牛的柳条,一前一后,非常高兴。

这时,朋友好奇地说:"这小孩牵着牛的鼻子往前走,那我们能不能牵着牛的尾巴往前走呢?"乌获不屑地说:"牵一头牛有什么难的,我都可以举起它,让它在我的手掌心中转。"

朋友不信,乌获就将牧童拦住:"小朋友,你牵着牛的鼻子可以走得很快、很自然。牛尾巴那么长,能不能牵着牛的尾巴走呢?"牧童愣住了。乌获的朋友看见牧童愣住了,就对牧童说:"你没见过吧,我这个朋友来给你表演看看。"说着,就从牧童手中拿走了缰绳,递到乌获手中。乌获将牛缰绳搭在牛背上,自己用力抓着牛尾巴向前拉,可是牛怎么也不听他的话,拼命地想摇动尾巴,并使劲往相反的方向冲,结果力大无比的乌获用尽了全身的力气,把牛尾巴都拉断了,牛却依然没有随乌获的牵引而挪动。

最后,乌获累得坐在地上直不起身,只能眼睁睁地看着牧童轻松地牵着牛离开了。

【讽喻明理】

原文

使乌获疾引牛尾,尾绝力勭(dān),而牛不可行,逆也。使五尺竖子引其桊(quān)②,而牛恣(zì)③所以之④,顺也。

(《吕氏春秋·孟春纪第一·重己》)

①勭:同"殚",尽,绝。②桊:牛鼻环。③恣:放纵。④所以之:去想到的地方。之:到。

道理 按规律办事,则事半功倍;与规律背道而驰,则事倍功半。

9. 闻仲兵败

故事

殷商的时候，帝乙（人名）在位30年后去世，把太子托付给太师闻仲。闻太师是两朝元老，文武双全，把自己的心思全都用在了国家建设上，镇守朝（cháo）歌（今河南省北部的淇县）江山，稳定殷商气数。他为人刚正不阿，很有威望，在截教（《封神演义》中的"三教"为截教、阐教和人道。其中截教和阐教本来出自同源，同为洪钧老祖门下。阐教顺天命助周，截教逆天命助商）中也颇有人缘，商纣王对他也敬重有加。"文能安邦"，其中的"文"就指的是闻仲。

闻仲一生征战无数，威名远扬。商纣末期，纣王无道，天下众叛亲离。闻仲是一介忠贞之士，以托孤之身，力保纣王天下，带兵30万，远征西周，与姜子牙对垒。征战三年期间，有截教中人帮忙设立十绝阵、金光阵、红沙阵、九曲黄河阵等，差点致姜子牙于死地，还围困周武王于红沙阵里，但最终还是被阐教众神所破。

闻仲与姜子牙在岐山短兵相接，不分胜负。姜子牙派杨戬（jiǎn）劫营，烧其粮草，断其后路。闻太师大败于岐山，带领惨败的三万余部下退兵，却在桃花岭被广成子截断了后路，又被赤精子阻止于燕山，在绝龙岭被云中子用天神火柱及紫金钵盂盖住。可怜一代名相就这样被五雷灌顶，烈火烧身。

这不是闻仲不懂用兵之道，也不是闻仲不得民心，而是他没有坚守正道，帮助逆天行事、惨无人道的商纣王而铸成的后果。

讽喻明理

原文

良马逐,利艰贞。曰闲①舆(yú)②卫,利有攸(yōu)③往。

——《易经·大畜》

注释

①闲:习,娴熟地掌握。②舆:兵车部队。③攸:安闲。

这段原文的大意是:良马在奔跑,利于在艰难困苦中坚定自己的信念。车马已经练得很娴熟,利于前行。

道理

凡事要讲究方向,方向错了,再努力也难成功。

10. 子牙钓鱼

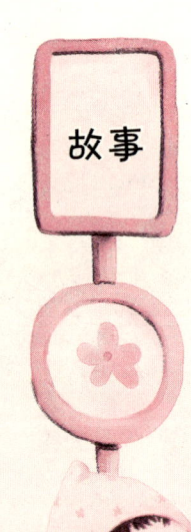

故事

商纣末期,天下混乱,上山修行者日渐增多,姜子牙就是其中之一。

姜子牙修行多年,奉师傅之命拯救天下百姓。下山后,他来到朝歌,希望能谋得职位,施展抱负。由于姜子牙会法术,又有比干(商朝的丞相,后被妲己害死)推荐,就被商纣王留在朝中任大夫一职。姜子牙在宫中之时,看出朝中有妖气弥漫,就想方设法除妖,而且火烧了妲己的姐妹玉石琵琶精。妲己对姜子牙恨之入骨,同时又怕姜子牙有朝一日害到自己,就想方设法要除掉他。于是,妲己画出一幅精美绝伦的建筑图蛊惑商纣王修建,起名鹿台。商纣王听信妲己的话,打算修建,并让姜子牙监督建造鹿台。姜子牙看到图后,知道工程浩大,劳民伤财,便让商纣王收回成命。没想到,商纣王大怒,以姜子牙抗旨不遵为名,要诛杀姜子牙,姜子牙借水遁逃生。

回到家后,势利的妻子知道他丢了官位,便让他以一纸休书解除婚姻关系。姜子牙在朝歌没法生活,只好一个人逃到周地,在陕西渭水河畔的一处山林中隐居。

隐居期间,姜子牙依然认真研习经书,关心天下大事,平日里有空就在一处悬崖边垂钓。但他所用的渔竿和一般人的渔竿不一样,他的渔竿是竿短线长,不是弯钩而是直钩,而且不用诱饵。经常在山上打柴的武吉看到姜子牙天天这样,就实在忍不住给他讲:"老人家,您这样钓鱼,一辈子也别想钓上一条鱼来。"姜子牙摇摇头,笑吟吟地说:"我不是在钓鱼,我是在钓王侯,而且是愿者上钩。"这就是著名的"姜太公钓鱼,愿者上钩"的由来。

后来,周文王姬昌梦见一头飞熊来辅佐他,于是就寻访到渭水河畔的姜子牙。姬昌亲自前去拜访,请姜子牙出山。后来,姜子牙辅佐周文王、周武王推翻殷商,建立周朝,实现了自己的伟大抱负。

讽喻明理

原文

潜①龙,勿②用。

（《易经·乾》）

注释

①潜:隐藏。②勿:不要。

这句原文的意思是:潜龙伏于水中,不宜有所作为,需要等待。

道理 冷静地等待机遇,也是一种智者的选择。

11. 鸱鸮

故事

一只母鸟在枝头悲哀地鸣叫，原来是那凶残的猫头鹰夺去了它爱子的性命。它痛不欲生，但它知道，以后的路还很长，猫头鹰还有可能再次到来，也可能会把自己的家园毁掉，甚至把自己也吞噬掉。它还要坚强地面对，提早做好准备，它要把自己的房舍修筑得更加牢固……

这样一个故事是周旦（也就是周公）写给周朝的第三个皇帝周成王的，他写这样一个故事有着特定的目的。

大家都知道，在周武王去世后，成王继承了周的王位，但由于他尚幼年，没有能力处理国家大事，周武王临死时就把他托付给周公，由周公帮助他处理朝政。

周公为周朝殚(dān)精竭力，日夜操劳，但由于位高权重，招致一些人的妒忌，周成王在另外三个叔叔的挑拨下，对周公也有了一些不信任。这些情况，周公看在眼里，急在心里。为了表明自己的心迹，就写了这样一首《鸱鸮(chīxiāo)》给周成王，诗中的母鸟其实就是周公自己啊！诗中最动情的两句是这样劝告周成王与世人的："趁着天没下雨，我就加紧剥下桑根，忙着缠缚牢固门窗……"深情地表达了自己忧国忧民，担心外族侵扰，希望周朝能够更加强盛的心情。

虽然成王一时没有看懂诗意，但后来终于体会到周公的苦衷，深受感动，叔侄从此和好，团结合作，平息武庚、三叔之乱，周王朝的政权也得到了进一步的巩固。

讽喻明理

原文

迨(dài)①天之未阴雨,彻②彼桑土③,绸缪(chóumóu)④牖(yǒu)户⑤。
（《诗经·国风·豳风·鸱鸮》）

注释

①迨:趁着。②彻:剥取。③桑土:桑根。④绸缪:捆扎,紧密缠缚。这里指修补巢穴。⑤牖户:牖,窗户,此处指巢之通气处。户,本义为单扇门,此处指鸟巢的出入口。

道理

在事情没有发生的时候,就要做出相应的准备,以防不测。

七、去旧革新

QUJIUGEXIN
CHUDUGUOXUE

1、捕捉马鹿

2、商鞅辩论

3、商汤伐桀

4、烽火戏诸侯

5、西狩获麟

6、陈成子弑君

7、五张羊皮

1. 捕捉马鹿

故事

在茂密的森林里，有着成群成群的马鹿。马鹿生性警醒、机智、多疑，行动敏捷，人类没有掌握它们的生活习性是很难捉到它们的。

有个人来到山林里，想捉几只马鹿回家。但他并不懂得马鹿的生活习性，也不知道它们在哪里出没，就冒冒失失地闯进了茂密的森林。结果，他寻找了一整天，也没有看到马鹿的影子，还弄得自己衣衫破烂，浑身被虫子咬得体无完肤。慢慢的，太阳落山，天黑下来了，沮丧疲惫的他都不知道自己是怎样回到家中的。

回到家里，他茶饭不思，夜不能寐，思前想后，怎么也想不明白：为什么自己就找不到马鹿，为什么别人就能很顺利地捉到马鹿呢？

第二天，他再次来到山中。这次，他没有急着去找马鹿，而是直接向掌管山林的官员讨教，打听马鹿的活动规律，了解马鹿经常出没的地方。经过一番精心的准备，他在掌管山林的官员的帮助下，带着工具再次走进森林中。果然，没费多大的力气，马鹿就撞进了他布下的围阵，成了他的猎物。

去旧革新

原文

即鹿①无虞②,惟③入于林中,君子几④,不如舍,往吝⑤。

（《易经·屯》）

注释

①即鹿：追赶马鹿。②虞：掌管山林的官。③惟：考虑，思忖。④几：同"机"，机智。⑤吝：表示艰难。

这段原文的大意是：行猎到山中，没有虞官指引，独自驱赶猎物进入密林之中。聪明的猎人知道，此时与其入林捕猎，不如舍之而返回，否则会有困难。

道理

有良好的愿望，还需配有相应的能力储备，否则不会取得成功。

2. 商鞅辩论

秦孝公期望国家强盛，想在原有制度的基础上改良，但商鞅一直提倡变法，认为只有变法才能使秦国强盛。但朝中许多官员极力反对变法，而且会引经据典，用古代的圣贤之人、圣贤之事、圣贤之法来做例证。商鞅面对这种种难题，努力寻找有力的证据，丰富自己的思考，一个个予以解答。

有一次，杜挚与商鞅辩论，杜挚说："人们都说，没有百倍的利益不变法，没有十倍的功效不更换器具。而且效法古代的制度也并没有什么过错，遵循旧的礼制也不会出现偏差，没有比变法更好的办法吗？"

商鞅认真地听完杜挚的话，摇摇头，微笑着说："以前各代都有不同的教化，哪有什么古法可效？各朝帝王都不重复旧制，哪有什么旧礼可循？在那远古的昊(hào)英（一作"皞英"）时代，昊英号召人们过"伐木杀兽"的生活，那时到处是森林，野兽很多，而人却很少。到了黄帝的时候，就不准人们捕杀幼兽，不准取食鸟蛋，死了人也不准用多层的棺材作为葬具了。伏羲、神农教化百姓不用刑罚，黄帝、尧、舜对百姓使用刑罚，但不株连妻子儿女。到了文王和武王，各顺应时势而立法，根据情况而制订礼制。法礼应按时势要求而制订，制度应顺应实际需要，武器设备要方便使用。"

商鞅又对秦孝公进谏说："治理天下不能用一个道理，只要有利于国家，则不必死搬教条，效法古代。商汤、周武统治天下，没有效法古代而兴盛；殷朝、夏朝灭亡，也不是因为变更礼制而灭亡。

违反古制的人未必遭受非议,遵循旧礼的人未必值得称颂。"

经过无数次的辩论之后,终于在秦孝公的支持下商鞅变法得以施行。

去旧革新

原文

故神农教耕而王天下,师其知也;汤武致强而征诸侯,服其力也。夫民愚,不怀知①而问;世知②,无余力而服。故以爱王天下者,并刑③;力征诸侯者,退德。圣人不法古,不修④今。

（《商君书·开塞第七》）

注释

①怀知:心中有知识。怀,胸怀,这里是指心中。②世知:世上的人聪明。知,通"智"。③并刑:屏弃刑罚。并,通"屏"。④修:遵循。这里是指不拘泥于现状。

道理

制规定则的目的是求得更好地发展,当这种规则一旦成为再次发展的障碍时,就应该对它做出一定的调整。

3. 商汤伐桀

故事

夏朝末年，暴君桀失去了民心，逐渐强大的商部落领袖——汤，决心推翻夏桀的统治。

汤的妻子有个陪嫁奴隶，名叫伊尹，在厨房干活。伊尹很有才能，为了让汤发现自己，有时把菜做得很可口，有时故意或咸或淡。

一次，汤责问他，他乘机向汤谈论对治理国政的见解。汤大为惊奇，知道他是一个贤才，就免除他奴隶的身份，任为右相。

汤历数夏桀的暴虐无道，号召夏的附属小国背弃夏桀，归附商。汤还采纳伊尹的建议，停止朝贡夏朝，以试探夏桀的实力。夏桀于是命令九夷族发兵征讨商，汤知道夏桀还能调动九夷族的兵力，于是马上向夏桀请罪，恢复向夏桀的进贡。

一年后，九夷族忍受不了夏桀的残暴统治，纷纷叛离，使夏桀的力量大为减弱。汤和伊尹见时机成熟，就召集众部出兵讨伐夏桀，在鸣条（今河南封丘东）一举消灭了夏桀，建立了商王朝。汤成了商王朝第一任君王。

汤建立商朝后，汲取夏朝灭亡的深刻教训，废除了夏桀时期残酷压迫人民的暴政，采用了"宽以治民"的政策，使商王朝内部的矛盾比较缓和，政治局面趋于稳定，国力也日益强盛起来。

原文

昔汤封于赞茅①，文王②封于岐周③，方百里。汤与桀(jié)战于鸣条④之野，武王与纣战于牧野⑤之中，大破九军，卒⑥裂土封诸侯，士卒坐陈⑦者，里有书社⑧。车休息不乘，纵马华山之阳，纵牛于农泽，纵之老而不收。此汤、武之赏也。

（《商君书·赏刑第十七》）

注释

①赞茅：商汤最早的建国之地。②文王：即周文王。③岐周：岐山下的周代旧址，又称周原，在今陕西省岐山县境内。④鸣条：古地名，相传商汤讨伐夏桀，在鸣条的旷野展开激战，夏桀战败，商取代夏朝。⑤牧野：古代地名，在今河南省淇县南。公元前11世纪末，到公元前12世纪初之间，周武王在此地与商纣王决战。⑥卒：最后，终于。⑦坐陈：即临阵。⑧书社：古代的一种基层行政体制。

道理

民心大如天。得民心者得天下，失民心者失天下。

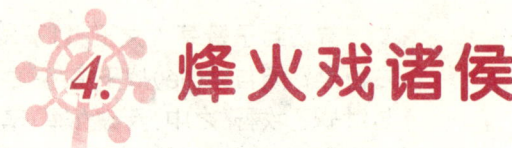

4. 烽火戏诸侯

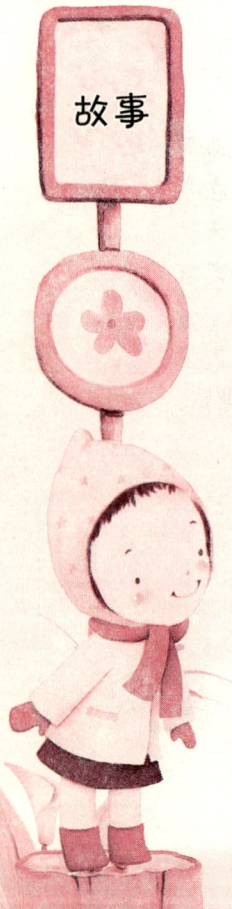

故事

周朝东迁后,一位朝中大夫经过宗周都城丰镐一带,目睹昔日的繁华一变而为荒凉的景象,再联想到天子失宫,周天子由天下共主沦落为诸侯同列,不禁悲从中来!

遥想从前西周时期,周朝是多么的强大,可是周幽王不思朝政,整天沉溺于美女之中,断送了国家。

周幽王非常宠爱美貌的褒姒(sì),可是这位冷美人就是不爱笑,一天到晚弄得周幽王很不开心。怎样才能博得心爱的美姬一笑呢?

有昏庸的帝王,就有奸佞(nìng)的臣子,这时一位大臣给幽王献上一计,能使美丽的褒姒一笑。这天,周幽王和褒姒一起来到骊山的顶上,一眼望去,在连绵的山脉上,烽火台一个连着一个,要知道它可是周朝命运的保障啊!在当时信息手段十分落后的情况下,边境上有了紧急情况全靠它来传递消息。如果敌人来了,烽火台上马上点起狼烟,这样一个台传一个台,都点上狼烟,信息很快就会传达到各个军营,这样,各个军营就会立即采取积极的军事行动。

不知哪个只为讨好国王的大臣出的主意,把烽火台的烽火点燃,让各诸侯都来救国王,昏庸的周幽王就真的把烽火台上的狼烟点着了。当四方诸侯看到烽火,率领部队来勤王时,谁知烽火台下不见一个敌兵,只见漫天焰火。幽王这时才派人告知诸侯,没有敌情,不过是大王跟各路诸侯开个玩笑而已,让他们都回去。白跑了一趟的诸侯只好忍着气,纷纷掉头回去。这时,冷美人褒姒见了山下的情景,终于开口笑了。

可是从此以后,诸侯们再也不信烽火台的信号了。当真的敌军大兵压境,周幽王命人点燃烽火时,再也没人来救他了!

如今昔日的宫殿都已成了废墟,十分的凄惨,只有那绿油油的庄稼和破败的景象形成鲜明的对比。

去旧革新

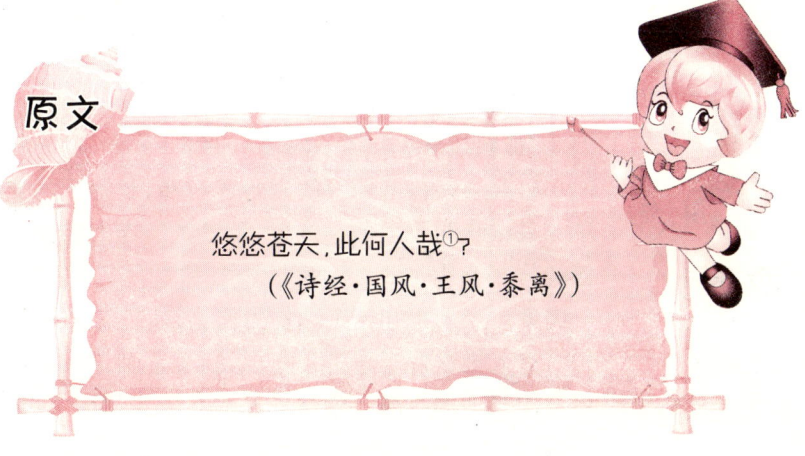

原文

悠悠苍天,此何人哉①?
(《诗经·国风·王风·黍离》)

注释

①此何人哉:这是怎样的人呢?

道理　不能拿严肃的事情开玩笑,这种玩笑有时会招致麻烦甚至灾祸。

5. 西狩获麟

"抓到怪兽了!"

"抓到怪兽了!"

鲁哀公在鲁国西部的大野泽狩猎,叔孙氏的家臣钥商捕获到了一只谁也叫不上名字的兽,于是大家走上前去,围在一起观看。兽的样子长得很奇怪,鹿的身子,牛的尾巴,马的蹄子,头上还有一肉角。众人不知这个动物为何物,就把它给杀了。

有人把这件事告诉了孔子,孔子看到这只兽后,掩面而泣,眼泪滴湿了他的衣服。学生子贡问孔子为何而哭泣?孔子回答说:"这是麟啊!这是麟啊!这是仁兽啊!仁兽是在太平之世才出来的啊!麒麟、凤凰、神龟和龙的出现是祥瑞的预兆。现在周室将灭,它为什么出现呢?现在被人捕获、杀死,这不是吉祥的征兆啊!"孔子又想到自己:"我就像这麟兽一样,麟出而死,我的道也到了尽头了。"

据说,在孔子出生的前一天晚上,孔子的母亲颜征梦见一只麒麟,第二天便生下了孔子。孔子遇麟而生,年逾71岁的孔子今天又见到麟死,所以认为不祥。从此,孔子停止了修撰(zhuàn)《春秋》,所以史书上说,孔子修《春秋》,绝笔于获麟。

孔子所修的《春秋》表现了孔子的政治思想,有人说孔子修《春秋》,是用了"春秋笔法",就是"褒贬善恶,为后世法"。

孔子的一生,虽然未能看到自己精心勾画的理想社会的实现,但是他终生孜孜以求,创立了儒家学说,提出了他的政治主张和道德思想规范,形成了影响我国几千年历史的儒家思想,为后世留下了宝贵的文化遗产,他的思想还流传到世界上的许多国家。

去旧革新

原文

十有四年春①,西狩(shòu)②获③麟(lín)④。

(《春秋·哀公十四年》)

注释

①十有四年春:鲁哀公十四年,公元前481年。②狩:狩猎。③获:捕获。④麟:麒麟。

道理 对待同一事物,有人说美,有人说丑,巨大的反差之中,能考量评判者的高下。

6. 陈成子弑君

春秋晚期，齐国王室开始衰落，卿大夫相互兼并，许多大家族的势力超过了齐国的王室。

齐简公还没有即位时，阚(Kàn)止就得到了齐简公的宠爱。等到齐简公当上了齐国的国君，就让阚止执掌重权。这时有个叫陈成子的家族的势力也很大，齐简公同时任用了陈成子和阚止一起为自己的左、右相。可是，陈成子嫉妒阚止，怕他对自己不利。这时齐国有一个人叫鞅，看出了端倪，认为两大家族不和，必然有后患，就对齐简公说，不如早一点儿把陈氏除掉，可是齐简公没有听从鞅的意见。

后来，陈成子与阚止两大家族的对立愈演愈烈，在齐简公的默许和支持下，阚止攻打陈氏家族。阚止失败后逃到了丰丘，被当地人抓住并杀死了。

陈成子以此为由，在舒州把齐简公拘禁起来，随后杀害了齐简公。他拥立齐简公之子敬为齐平公，自己把持了齐国的政权。

按周朝的制度，臣杀国君是大逆不道的事情，可当时的周朝早已礼崩乐坏，陈成子却公然把国君给杀了。孔子听到这个消息，非常气愤，这真是大逆不道啊！于是孔子斋戒了三天，三次向鲁哀公请求去攻打齐国。鲁哀公说："现在的鲁国已是今非昔比了，齐国大，我们鲁国小，鲁国被齐国削弱这么久时间了，就凭我们现在的实力，要去攻打齐国，怎么能取胜呢？"孔子说："陈成子杀死他的国君，民众有一半人不支持他了，以鲁国的民众加上一半的齐国民众，定能战胜陈成子！"鲁哀公无可奈何地说："那您去告诉季孙吧，让他拿个主意。"孔子辞谢了鲁哀公，毫无结果地退了出来。

孔子在修《春秋》时，有"夏四月，齐陈恒执其君，置于舒州"和"齐人弑其君壬于舒州"的记载。陈恒就是陈成子，这个杀国君的臣子的名字就这样被孔子钉在了历史的耻辱柱上。

原文

齐人①弑(shì)②其君壬(rén)③于舒州④。

（《春秋·哀公十四年》）

注释

①齐人：齐国人。②弑：臣杀死君主。③壬：齐简公，名姜壬，故称"壬"。④舒州：现在河北省的大城县。

道理

耻辱柱上的名字，是用罪恶刻写的，是无法抹去的。

7. 五张羊皮

故事

百里奚是秦穆公时的大夫,是我古代著名的政治家。他辅佐秦王,为秦国的强大和后来称霸做了不少贡献。

百里奚早年的时候没有遇到有利时机,得不到重用,日子过得非常贫穷。他曾经游历齐、周、虞等国,做过虞国的大夫。虞国被晋国灭掉的时候,他从虞国逃了出来,但又被晋军抓住了,成了晋国的俘虏。后来,晋献公要把女儿嫁给秦穆公,百里奚被当做陪嫁的小臣送往秦国。秦国人把他当奴隶一样看待,让他去干喂牛的差事。百里奚觉得这是一种大耻辱,便从秦国跑到楚国去了。楚国人把他当成间谍审问他,他称自己是虞国人,出来逃难的。楚国人看他不像是间谍,就派他去放牛,他把牛养得很好,楚国人还给他起了个绰号,叫"放牛大王"。

秦国的大臣公孙枝听说百里奚很有才能,打听到他在楚国放牛,就想出很高的价钱把他从楚国赎回来,但又怕楚国人不同意,就派人对楚国人说:"我国一个侍候妃子的小臣在你们楚国,请求用五张羊皮换回他。"于是楚国人就以五张羊皮的价格把百里奚转卖了。

公孙枝得到百里奚以后,非常高兴,把他推荐给秦穆公。过了三天,公孙枝请求委任他官职,秦穆公不大乐意,便说:"你用五张羊皮把他买了来,却让我委任他官职,这恐怕要被天下人耻笑吧!"公孙枝回答说:"信任贤能的人,并且任用他,这是君主的英明;让位给贤人,而自己屈居贤人之下,这是臣子的忠诚。大王是英明的君主,这是毋庸置疑的,而百里奚的才能远在我之上,所以我竭尽忠诚向您推荐他。他如果真的有贤德，就能帮助您实现强国之梦。那么，国内都将顺服，敌国都将畏惧，害怕都来不及，谁还会有闲暇耻笑大王呢？"

于是，秦穆公就任用了百里奚。

去旧革新

原文

百里奚之未遇时也，亡虢（Guó）①而虏晋，饭②牛于秦，传鬻③以五羊之皮。公孙枝得而说之，献诸缪公，三日，请属（zhǔ）事④焉。缪公曰："买之五羊之皮而属事焉，无乃⑤天下笑乎？"公孙枝对曰："信贤而任之，君之明也；让贤而下之，臣之忠也。君为明君，臣为忠臣。彼信⑥贤，境内将服，敌国且畏，夫谁暇笑哉？"缪公遂用之。

（《吕氏春秋·孝行览第二·慎人》）

注释

①亡虢：应是"亡虞"。②饭：喂养。③传鬻：转卖。④属事：指委任官职。属：委托。⑤无乃……乎：恐怕……吧。⑥信：确实。

道理　判定一个人的价值，不能看他的出身，要看他的才智和能量。

八、励志远恶

LIZHIYUANE
CHUDUGUOXUE

1. 投笔从戎
2. 断织励学
3. 仆人愚忠
4. 齐湣王流亡
5. 楚宋讲和
6. 荒诞的卫宣公
7. 东郭敞贪财
8. 信誓旦旦
9. 子夏的罪过

1. 投笔从戎

故事

班超，字仲升，东汉扶风郡平陵县（今陕西咸阳东北）人。他为人很有志向，不修细节，但品德很好，在家中每每从事辛勤劳苦的粗活，一点不感到难为情。他学习勤奋，广泛阅览了许多书籍，而且很有口才。

汉明帝永平五年（公元62年），班超的哥哥班固受朝廷征召，前往担任校书郎，他便和母亲一起随从哥哥来到洛阳。因为家中贫寒，他常常受官府所雇，以抄书来谋生糊口，非常辛苦。他每天伏案挥笔之前，总是先停一会儿，将手中的笔扔在一旁叹息道："身为大丈夫，虽没有什么突出的计谋才略，总应该学学在域外建功立业的傅介子和张骞，以封侯晋爵，怎么能够老是干这种笔墨营生呢？"周围的人听了这话都笑他，班超便说道："凡夫俗子又怎能理解志士仁人的襟怀呢？"

后来，他去见一个看相先生，那人对他说："你虽是一个平常的读书人，但日后定当封侯于万里之外。"班超想问个究竟，这算命的指着他说："你有燕子一般的下巴，老虎一样的头颈，燕子会飞，虎要食肉，这是个万里封侯的命相。"于是，他渴望建功立业、封侯晋爵的欲念越来越强。

永平十六年（公元73年），班超随从窦固抗击北匈奴，随后奉命率吏士36人赴西域，攻杀匈奴派驻鄯（Shàn）善、于阗（tián）的使者驻地，废除了亲附匈奴的疏勒王，巩固了汉朝在西域的统治。建初三年（公元78年），他率疏勒、于阗等地士兵大败姑墨（今新疆阿克苏一带）的侵犯，后又上疏请兵，要平定西域。从章和元年

（公元 87 年）到永元六年（公元 94 年），班超陆续平定莎车、龟兹（今新疆库车一带）、姑墨、焉耆（qí）等地。因其平定西域有功，被朝廷任命为西域都护，封定远侯。班超他少年时的梦想最终得以实现。

励志远恶

原文

尝辍业投笔叹曰："大丈夫无他志略，犹当效②傅介子、张骞立功异域，以取封侯，安能久事笔砚间乎！"
（《后汉书·班梁列传第七十三》）

注释

①辍业投笔：放下功课，丢下笔。
② 效：效仿。

道理

围绕自己的奋斗目标而不懈拼搏，才能够最终实现心中的愿望。

2. 断织励学

古时候,在河南郡这地方,有个叫乐羊子的人。

有一次,他在路上行走时,捡到一块别人丢失的金饼。这块金饼不仅分量重,而且成色纯,他非常高兴,赶忙把金饼揣在内衣口袋里,拿回家交给他的妻子。他满以为妻子会像他一样高兴万分的,谁知他的妻子不但没有高兴,而且显出很痛心的样子。

她对乐羊子说:"我从前听人说,有志气的人不喝盗来的泉水,廉洁方正的人不接受他人傲慢侮辱地施舍的食物,路上拾来的金子,怎么可以拿回家呢?"乐羊子听后既惭愧又感动,就把那块金子又扔回原来的地方。

第二年,乐羊子离开家,到了一个很远的地方去拜师求学。

有一天,乐羊子突然回到家中,正在家中织布的妻子很惊讶地问:"你的学业这么快就完成了?"

乐羊子喃喃地说:"学业还没有完成,出行在外久了,心中想念家人,所以回来看看。"他妻子听了以后,转身拿起织布机上的一把剪刀,嚓嚓几下把织布机上已经织好的布剪成了两段,乐羊子忙上前阻挡,他的妻子对他说:"这些丝织品都是从蚕茧中生出,又在织布机上织成。一根丝一根丝地积累起来,才达到一寸长;一寸一寸地积累,才能成丈成匹。现在如果割断这些正在织着的丝织品,那就会丢弃成功的机会,迟延荒废时光。你要积累学问,就应当每天都学到自己不懂的东西,用来成就自己的美德,如果中途就回来了,那同切断这丝织品又有什么不同呢?"乐羊子被他妻子的话所感动,又返回去用七年的时间修完了自己的学业。

后来,乐羊子成为一个学富五车、品德高尚的人。

励志远恶

原文

妻乃引刀趋机而言曰:"此织生自蚕茧,成于机杼(zhù)①。一丝而累,以至于寸,累寸不已②,遂成丈匹。今若断斯织也,则捐失③成功,稽废④时日。夫子积学⑤,当'日知其所亡'⑥,以就懿(yì)德;若中道而归,何异断斯织乎⑦?"羊子感其言⑧,复还终业,遂七年不返。

(《后汉书·列女传第七十四》)

注释

①成于机杼:在织布机上织成。"机",最早就是指织布机。杼,机上的梭子。②累寸不已:不停地一寸一寸地积累。③捐失:即失去,这是两个近义词组成的双音词。捐,也有"失"义。④稽废:稽延荒废。⑤积学:积累学识。⑥日知其所亡:每天学到一些自己没有的知识。亡,无。语出《论语·子张》:"子夏曰:'日知其所亡,月无忘其所能,可谓好学也已矣。'"⑦何异断斯织乎:跟割断这块帛有什么不同。⑧感其言:被这番话感动。

道理

在困苦之中能够坚守自己不灭的梦想,才能抵达梦想的彼岸。

3. 仆人愚忠

故事

春秋时期,楚军与晋军在鄢陵交战,双方势均力敌,直杀得天昏地暗。楚恭王也亲自率兵参加这场血战,一连几天相持不下。激战中,楚恭王身负重伤,只好鸣金收兵,暂回营中。

楚国军队的主帅叫司马子反。他在前线奋战,又累又渴,一回到营帐就直嚷着要喝水。子反有个叫阳谷的仆人,平时对主人忠心耿耿、百般爱护,此刻一见主人这般模样,赶紧搬来一坛酒,让子反解渴,并用汗巾一个劲地替子反擦汗。司马子反这个人向来嗜酒如命,见了酒便什么都忘了,拿起酒杯便不醉不休。这次自然也不例外,一喝上酒,哪里还顾得上眼下正是大敌当前,军营帐外叫战声声。子反一杯接一杯地喝,直至醉倒在床上。

楚恭王回到军帐中,休战半日,准备重新开战,再次迎击晋军。他派人去司马子反帐中催他出战,不料子反正醉意沉沉,睡在床上鼾声大作,哪里能起床打仗。于是仆人阳谷就对来人说子反胸口痛,不能出战。

这下可急坏了楚恭王,他听说主帅在这紧急关头病了,十分着急,便亲自到子反帐中探望。楚恭王刚一进帐就闻到一股浓烈的酒味,顿时气得脸色发紫。楚恭王指着睡在床上的子反大声喝道:"今日之战,关系重大,寡人身受重伤,指挥全军就完全靠你了,谁知你在这紧要关头竟敢胡来,这不是存心要让楚国灭亡吗?像你这样置国家利益于不顾的嗜酒之徒,还能再率兵打仗吗?罢!罢!罢!这仗不能打了!"

面对醉如烂泥的子反,楚恭王没有办法,只好命令撤军回朝。子反的仆人阳谷后悔得不知所措,求楚恭王原谅子反,自己愿替子反顶罪。楚恭王冷笑道:"你作为仆人,一味只知道娇宠自己的主人,你的罪过也不轻。子反作为主帅,误了国家大事,你顶替得了吗?"

楚国军队无功而返,盛怒的楚恭王回朝后,按军法将司马子反斩首示众,以戒众人。子反的仆人阳谷从此离开楚国,不知去向。

励志远恶

原文

违而不谏①,则非忠臣。

(《忠经·忠谏章第十五》)

①违而不谏:对上级的错误不劝谏。

道理

无原则地呵护朋友,其实是纵容朋友犯错误。

4. 齐湣王流亡

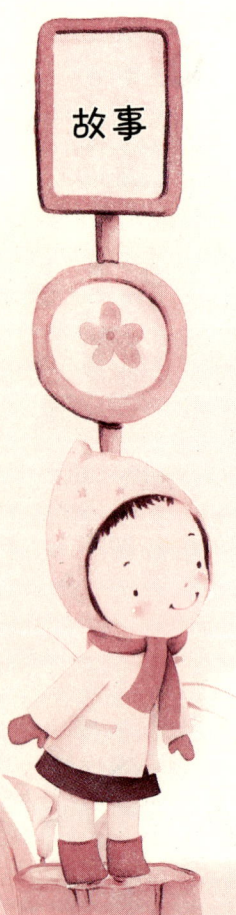

故事

秦武王自称"西帝",齐湣王便号称"东帝"。

齐湣王在位的前期,国力强盛,能与秦国争霸天下。但齐湣王在攻占了宋国之后,便骄矜自满,常以天子自居,忘乎所以,动不动就欺负弱小国家,还不时发兵向南攻打楚国,往北欺负燕国,向西威胁韩、赵、魏三国。最后,终于遭到秦、燕、韩、赵、魏五国联军的大举进攻。结果齐军被打得大败,齐湣王也逃出临淄跑到卫国避难去了。

齐湣王寓居卫国的时候,卫国国君向他称臣,并让出自己的宫室让他居住。可是此时的齐湣王不知自己的处境,竟然还对卫国君臣出言不逊,遭到卫国人的怨恨。不仅如此,他还对自己失败的原因缺乏清醒的认知,不仅不总结教训,反而不思进取,终日花天酒地,挥霍无度。

有一日,齐湣王问受他宠幸的王丹说:"你看我是一个怎样的君主呢?"王丹是个善于逢迎的人,也很了解齐湣王,便奉承道:"大王是个贤明的君主啊!我听说古时候有人抛弃天下,脸上也没有遗憾的神色,我过去只是听说而已。今天在大王身上,我才眼见为实。大王名义上称为东帝,实际上是平治天下。自从您离开齐国住到卫国以后,您容光焕发,一点也没有舍不得齐国的念头。可以说,连古人也比不上您啊!"

齐湣王听了心里很舒坦,飘飘然起来,说:"说得太好了!还是王丹了解我啊。我自从离开齐国住到了卫国,身体发福,连衣带都已经增加三倍了。"

原文

齐湣(mǐn)王亡居卫,谓公玉丹曰:"我何如主也?"①王丹对曰:"王贤主也。臣闻古人有辞②天下而无恨③色者,臣闻其声,于王而见其实。王名称东帝,实辨④天下。去国居卫,容貌充满⑤,颜色发扬,无重国之意。"王曰:"甚善!丹知寡人。寡人自去国居卫也,带益三副⑥矣。"

(《吕氏春秋·贵直论第三·过理》)

励志远恶

注释

①我何如主也:我是一个什么样的国君?何如:怎样。②辞:离别,这里是抛弃、失掉的意思。③恨:遗憾。④辨:治理。⑤充满:充盈,肌肉丰满。⑥带益三副:衣带增加了三倍。副:倍。

道理

美丽的谄媚之言,虽然顺耳,却不利行。

5. 楚宋讲和

故事

楚庄王因宋国人杀了申舟而大怒,亲率楚军攻打宋国,为申舟报仇。

战争持续到了第二年的春天,宋国派乐婴齐去向晋国求救。

晋国派解扬到宋国去,叫宋国不要向楚国投降,并说:"晋国军队已全部出发,快要到宋国了。"解扬途中路过郑国时,被郑国人扣住并献给了楚国。楚庄王先用重礼收买解扬,解扬不答应,后来再三劝诱,解扬才答应了。

楚庄王让解扬登上楼车,叫他对宋人喊话,说晋国不来救宋国,可是解扬却借机传达了晋君要宋人坚守待援的意思。楚庄王十分恼怒,派人对解扬说:"你既然已经答应了我,却又违背诺言,是什么原因?快去接受你该受的刑罚吧!这不是我不讲信用,而是你丢弃了信用。"

解扬回答说:"臣下听说,国君能制定正确的命令就叫义,臣子能奉行国君的命令就叫信,信承载着义而且推行就叫利。合乎道义不能有两种诚信,讲求诚信不能接受两种命令。您收买我,就是不懂'信无二命'的道理。我接受君命出使,宁可去死也不能背弃使命,难道可以用财物让我改变吗?我之所以答应您,是为了完成我的使命。我即使死了,但能完成使命,这是我的福分。我们国君有我这样诚信的臣下,还有什么可求的呢?"楚庄王无奈,只好放了解扬,让他回国。

到了五月,楚庄王想让楚国军队撤离宋国,结束长时间的战争。申舟之子申犀在楚庄王的马前叩头说:"当初家父明知会死,但不敢背弃君王的命令而出使宋国,现在君王您要撤兵,这是背弃了您的诺言。"楚王无法回答,不知怎么办才好。

这时楚臣申叔时正为楚王驾车,他说:"我们在这里修建房屋,而且把种田的人也召集来,做出长期驻扎的样子。宋国不能久战,就一定会听从君王的命令。"楚庄王按他的话去做了,宋国真的害怕了。宋国连夜派大夫华元潜入楚营,到了楚国主帅子反的帐中把他叫起来说:"我们国君派我来把宋国的困难告诉你,敝国人已经在交换孩子杀了吃,劈开尸骨烧火做饭。但是即使如此,如果你们兵临城下,逼我们签订盟约,那就算让国家灭亡,我们也不答应;如果你们撤退30里,宋国就一切听命。"子反立即与华元签订了盟誓,并报告了楚庄王。

楚军退兵30里,宋国与楚国讲和,华元当了人质。

原文

夏五月①,宋人及楚人平②。

(《春秋·宣公十五年》)

注释

①夏五月:宣公十五年,即公元前594年,楚庄王率楚国军队攻打宋国的第二年。②平:讲和。

道理

在爱国的前提下,讲信义才有意义,爱国是最大的诚信。

6. 荒诞的卫宣公

故事

春秋初年,齐国的小公主宣姜年龄尚小,但已经出落得非常漂亮了。按照那个时候的礼节,她到了出嫁的年龄。这么漂亮的公主,各国王室前来求婚的人络绎不绝。这年夏天,卫国的卫宣公也派使者来齐国替他的儿子太子伋求婚。

卫太子伋这年大约十六七岁,其儒雅俊美也是诸国间闻名的。宣姜的父亲齐僖公立刻就答应了这桩郎才女貌、十全十美的婚事。可惜,宣姜的命运被一个小人改变了,这是她命运的第一个转折。

为太子求婚的使臣回到国内,立即向卫宣公禀报:齐国的小公主简直比花儿还诱人,真是古今少有的绝色美女!

卫宣公是个荒淫无耻的昏君,什么样的荒唐事他都干得出来。他听完使臣的报告,立刻动了歪心思。他和那个使者一番密谋,制定了一套天衣无缝的骗亲计划:先派期待迎娶心上人的太子出使宋国,然后卫宣公赶紧在淇水河边修了一座行宫,命名为"新台",又让使者打着为太子娶亲的旗号,代表卫国去齐国迎亲。

宣姜欢天喜地地装扮起来,跟随使者来到了卫国。到了新台,糊里糊涂地和卫宣公这老家伙举行了婚礼。宣姜身陷苦海,整天以泪洗面。

励志远恶

原文

鱼网之设①，鸿②则离③之。燕婉④之求，得此戚施⑤。

（《诗经·国风·邶风·新台》）

注释

①鱼网之设：设置渔网。②鸿：蛤蟆。③离：碰到，撞进。④燕婉：仪态安详温顺。⑤戚施：驼背。

这段原文的大意是：撒下渔网落了空，一个蛤蟆掉网中。本想嫁个美少年，换得驼背丑老公。

道理　无耻之人，什么荒唐卑劣的事情都干得出来。

7. 东郭敞贪财

战国时的齐国,有一个名叫东郭敞的人。

东郭先生一生有很多的意愿,一直希望图谋大的事业,希望能飞黄腾达。于是,他一生都在努力,发愤读书,勤勉学习。他的努力终于没有白白浪费,总算有所成就。他膝下儿女成双,非常可爱;妻子知书达理,夫唱妇随,家庭和和满满。乡里、邻里都以他为榜样,希望能生如东郭先生,生子也如东郭先生。

于是,周围的学子都到他门下求学,希望将来能像东郭先生一样生活得美满幸福。在他的众多门生中,富有、贫困、贤达、奸佞等各种各样的人都有。

一天,一个家庭贫困门生的老母亲生病,无钱医治。这门生知道应该为父母尽孝道,于是到处想办法筹措钱财为母亲治病。这时,有一个人对他说:"你现在是一学子,你师傅家庭富有,你何不去找你师傅?等你将来有了出息,再拜谢师傅的大恩大德!"门生听了这话,想想也是,于是就怀着忐忑(tǎntè)不安的心情来到东郭先生的家中,向师傅讲明来意。

没想到,东郭先生轻蔑地对他说:"我虽然有钱,但我有我的用途,我是打算用这些钱来寻求一个爵位的。"听到这里,门生的心一下子凉了,没想到自己平生最敬佩的师傅,也不过是一个重爵位轻人情的小人。于是,他愤而转身,没有和师傅打招呼就离开了,从此不再与东郭先生相认,也耻于提起曾经以东郭先生为师。在父母百年之后,这个门生投奔宋国,不再思齐。

后来有人说,东郭先生过于重视还没有获得的东西,而轻视人情及道德,与其用钱买一个爵位,远不如将钱财的一部分用于救济为了尽孝道的穷困门生。

励志远恶

原文

齐人有东郭敞①者,犹多愿,愿有万金。其徒请啁(zhōu)②焉,不与,曰:"吾将以求封③也。"其徒怒而去之宋。曰:"此爱于无也,故不如以先与之有也。④"

(《商君书·徕民第十五》)

注释

①东郭敞:战国时齐国的富商。②啁:周济,救济。③封:帝王以爵位、土地、名号赐人曰"封"。④此爱于无也,故不如以先与之有也:这个人爱惜没有获得的东西,还不如将钱先送给他现有的徒弟。

道理

珍惜那些真正珍贵的东西,如情谊;漠视那些并非值得重视的事物,如钱财,人生会更加精彩。

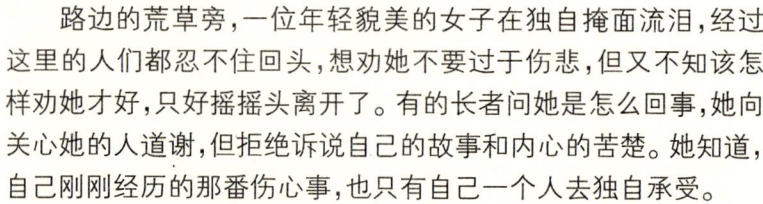

8. 信誓旦旦

路边的荒草旁,一位年轻貌美的女子在独自掩面流泪,经过这里的人们都忍不住回头,想劝她不要过于伤悲,但又不知该怎样劝她才好,只好摇摇头离开了。有的长者问她是怎么回事,她向关心她的人道谢,但拒绝诉说自己的故事和内心的苦楚。她知道,自己刚刚经历的那番伤心事,也只有自己一个人去独自承受。

本来想努力地把那件事忘记,但它又一次地涌上心头。

幼年的时候,她就和他相识了,两人家离得比较近,双方的父母关系又比较好,也鼓励他们在一起玩耍。他们一起分享好吃的东西,一起玩耍,一起保守着只有他们知道的秘密。哪里有好看的花儿,哪里有好吃的果子,哪里就是他们捉迷藏最隐蔽的地方。

附近的人们看到他们两个人在一起,都觉得他们是天造地设的一对儿。是啊,别说其他人,就连她自己也是这样认为的。那时的他是多么憨厚老实,对她也有着百般的情谊,对她说了很多很多好听的话。一晃十几年过去了,他和她都长大了。

突然有一天,他拿着钱来买丝,按着当时的礼节,也就是他向她求爱,女子心中欣喜万分,毕竟她已经等待了很久,但她没有当场做出回复。在送他过河的时候,女子向他吐露了自己的心声,不是我不答应你的求婚,是女孩子不好意思,要有媒人来提亲……

后来,媒人来了,他和她结婚了。

没想到,结婚之后,虽然她温顺贤惠,早起晚睡,操持家务,但他却变得冷漠无情,凶狠残暴,原来婚前的那些甜言蜜语都是骗人的假话。他怎么变得这么快!变化这么大!她想不明白。她为此流泪哭泣,为此肝肠寸断,但一切还是那样糟糕。

现在，她不想再为这样一个人痛苦，她决定要振作起来，从过去那美好的记忆中走出来，也从现在这残酷的现实中走出来，开始新的生活。

励志远恶

原文

信誓旦旦①，不思其反②。反是不思，亦已焉哉！

（《诗经·国风·卫风·氓③》）

注释

①旦旦：诚恳的样子。②反：同"返"。③氓：青年男子。

这段原文的大意是：当年山盟海誓，没想到如今恩断义绝。不去想那些令人伤感的事了，既然已经没有情义，那就算了。

道理

上当受骗的事情时有发生，重要的是要坚强面对。

9. 子夏的罪过

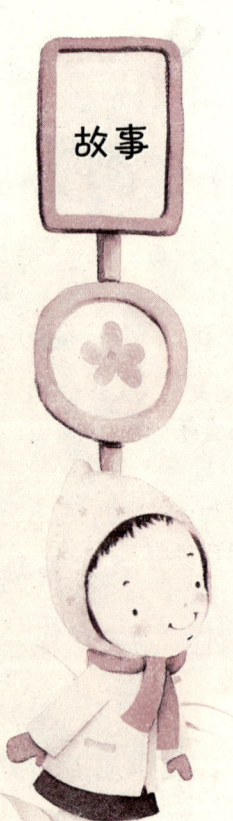

故事

子夏是孔子的学生。

子夏的儿子先他而去,他没有想到白发人送黑发人的悲剧竟然发生在自己的身上。一连几个昼夜,他不停地哭泣,身子渐渐地虚弱,当他睁开眼的时候,发现自己什么都看不见了,原来他因为哭泣而导致双目失明。

曾子听到朋友痛失爱子,又因伤心过度两眼看不见东西了,急忙赶了过来。他痛心地对子夏说:"我听说你的眼睛失明了,我也为之伤心落泪。"没有说完,他就泣不成声。听到好友的话,子夏的泪水又一次如同泉水一样涌了出来,想到自己所遭受的一切,他抱怨道:"天啊!我没有什么罪过啊!"

没有想到,这个时候的曾子突然止住哭声,生气地对子夏说:"谁说你没有罪过?当初我和你一起在洙水和泗水侍奉老师,后来你却辞别老师一个人回到了西河,并且让西河的人们把你比做老师,这就是你的第一条罪过!你在双亲去世期间,没有做出任何可以为人特别称道的事,这就是你的第二条罪过!而现在,你儿子死了你不振作,反而为之哭瞎了眼睛,这不正是你的第三条罪过!"曾子接着又反问道:"已经到了这种地步,你难道还认为自己没有罪过吗?"

子夏听完了曾子的指责,扔掉手杖,向曾子一拜致谢,说:"我错了!我真的错了!犯这种错误,可能是因为我离开朋友独自居住的时间太久的缘故吧。"

励志远恶

原文

子夏①丧其子而丧其明。曾子吊之,曰:"吾闻之也:朋友丧明,则哭之。"曾子哭,子夏亦哭,曰:"天乎!予之无罪也!"曾子怒曰:"商!女②何无罪也?吾与女事③夫子④于洙(Zhū)泗(Sì)⑤之间,退而老于西河⑥之上,使西河之民疑⑦女于夫子,尔罪一也。丧尔亲,使民未有闻焉,尔罪二也。丧尔子,丧尔明,尔罪三也。"而曰:"女何无罪与?"子夏投其杖而拜曰:"吾过矣!吾过矣!吾离群而索居⑧,亦已久矣!"

(《礼记·檀弓下》)

注释

①子夏:孔子的弟子,春秋末期卫国人,名叫卜商,子夏是字。②女:通"汝",你。③事:侍奉。④夫子:孔子弟子对孔子的尊称。⑤洙泗:古时鲁国的两条河名。⑥西河:地名,在今陕西东部黄河西岸地区。⑦疑:通"拟",比拟。⑧索居:独居。

道理

以在理的指责来化解伤痛,虽有悖于人之常情,有时却能收到出奇的效果。

九、智勇谋略

ZHIYONGMOULÜE
CHUDUGUOXUE

1. 金池汤城
2. 城濮之战
3. 一鼓作气
4. 假道伐虢
5. 孙膑用兵
6. 展喜犒齐师
7. 烛之武退秦师
8. 子鱼论战
9. 伍子胥败楚
10. 秦穆公智擒戎王

1. 金城汤池

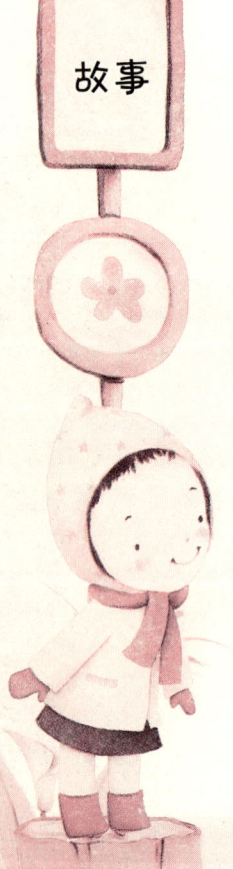

故事

秦朝末年,陈胜、吴广率领起义军建立了张楚政权。接着,陈胜派武信君带领一支义军进攻燕、赵之地。武信君进攻的第一个目标是范阳县城。

在此形势下,有个名叫蒯(Kuǎi)通的人求见范阳县令徐公,对他说:"我是本县的一个百姓,知道你快要死了,特地前来吊唁。不过,我也要向你祝贺,因为你今天接见了我,我可以使你新生。"

徐公听了蒯通的话,说:"为什么要吊唁我?"

蒯通说:"徐公,你在范阳当了十多年的县令,受过你严刑拷打甚至被拷打致死的人,多得不计其数。他们本人及其亲属早就想找你报仇了,只是因为秦朝的法律非常严酷,他们才不敢对你怎么样。现在天下大乱,陈胜王已派武信君率兵向范阳压来,城里的百姓如果乘机向你进行报复,你的头颅就保不住了,所以我才提前来向你吊唁呀!"

徐公听后觉得有道理,说:"那你为什么又祝贺我能新生?"

蒯通说:"我可以去见武信君,对他说:'范阳县令徐公准备献城向你投降,如果你不接受他的投降,杀了他,那么燕、赵之地各城的守将都会知道,献地投降是要死的,他们就一定会死心塌地坚守城池。如果那样的话,他们的城墙就会变得像金属铸造的那样坚固,护城河也像灌满了滚烫的开水一样不可逾越,你的军队就攻不进去了。依我之见,你不如接受范阳徐公的投顺,给他丰厚的赏赐,让他坐着华丽的马车在燕、赵之地兜兜风。燕、赵之地的守将们得知,范阳徐公投顺之后比过去更荣华富贵,便会争先恐后地向你投顺。那时,你只要发布一个文告,就可以平定千里之地了。'"

徐公听了蒯通的这番话,说:"你说得对极了。"于是,徐公马上用车送蒯通去见武信君。武信君听了蒯通的话,果然马上采纳了他的策略,立即派出庞大的车队接受徐公的投顺,并给了他丰厚的赏赐。不久,这个消息传遍燕、赵之地,结果,有三十多座城池的守将投降,武信君很快就平定了燕、赵之地。

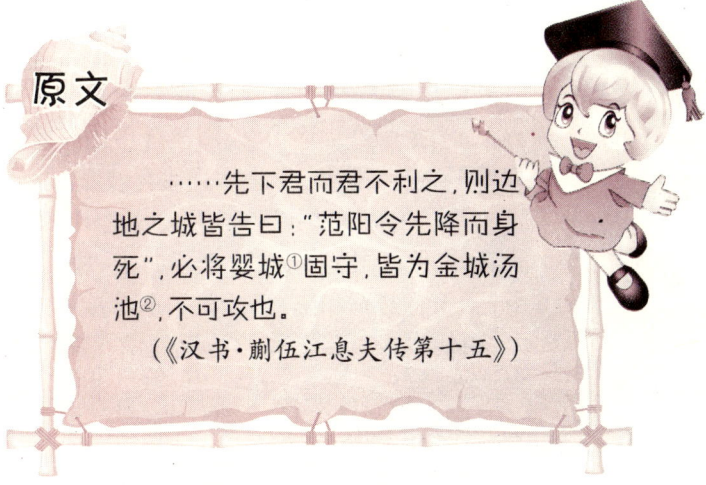

原文

……先下君而君不利之,则边地之城皆告曰:"范阳令先降而身死",必将婴城①固守,皆为金城汤池②,不可攻也。

(《汉书·蒯伍江息夫传第十五》)

注释

①婴城:据守城池。婴,围绕。②金城汤池:如钢铁铸造的城墙,像沸水流淌的护城河。比喻坚固无比、防守严密的城池或工事。

道理　运用智慧,可以化解难题,使人走出困局。

2. 城濮之战

故事

公元前632年,晋文公与楚成王在战场上相遇了,晋文公为兑现以前与楚成王的"口头约定",主动"退避三舍",率领军队后退90里。对晋军的主动后撤,楚军中不少人都感到事有蹊跷(qīqiāo),主张停止追击,但刚愎自用的楚军主帅子玉认为,这是歼灭晋军的大好时机,于是挥兵追至城濮(今河南省城濮)。

晋军在城濮驻扎下来,晋文公检阅了部队,认为士气高昂、战备充分,可以同楚军一战。楚军方面,决战的准备也在积极进行之中,子玉将楚军和陈、蔡两国军队分成中、左、右三军。中军为主力,由他本人直接指挥;右翼军由陈、蔡军队组成,由楚将子上统率;左翼军也是楚军,由子西指挥。 随后,晋、楚两军在城濮展开了一场大会战。

在决战中,晋军针对楚中军较强、左右两翼薄弱的部署态势,以及楚军统帅子玉骄傲轻敌、不明虚实的弱点,采取了先击其翼侧、再攻其中军的作战方针,有的放矢地发动进攻。

首先,晋下军佐将胥臣把驾车的马匹蒙上虎皮,出其不意地首先向楚军中战斗力最差的右军——陈、蔡军猛攻。陈、蔡军遭到这一突然而奇异的打击,顿时惊慌失措,一触即溃。楚右翼军就这样被迅速歼灭了。

接着,晋军又采用"示形于敌"、诱敌出击、分割聚歼的战法对付楚的左军。晋军上军主将狐毛,故意在车上竖起两面镶有彩带的大旗,非常醒目,远远就可以望见,狐毛与楚左翼军队一接触,就故意败下阵来。在"逃跑"时,晋下军主将栾枝同时也命令军队在战车的后面拖了许多树枝,树枝刮起的尘土遮天蔽日。站在高

174

处观阵的子玉产生了错觉,以为晋军溃不成军了,于是急令左翼部队奋勇追杀。晋中军主将先轸(zhěn)见楚军中了圈套,盲目出击,便立即指挥最精锐的中军横击楚左军,晋上军主将狐毛也乘机回军夹攻。楚左翼部队退路被切断,陷入重围,很快被消灭了。子玉此时见楚左、右两军均已失败,急忙下令收兵,才保住中军,退出战场。

城濮之战最终以晋军获得决定性胜利而告终。

原文

治乱,数也;勇怯,势也;强弱,形也。①故善动敌者,形之,敌必从之;②予之,敌必取之;③以利动之,以卒待之。④

(《孙子·势》)

①治乱,数也;勇怯,势也;强弱,形也:严整或混乱,这是组织编制的好坏问题;勇敢或怯懦,这是态势的优劣问题;强盛或软弱,这是力量大小的表现。②故善动敌者,形之,敌必从之:善于调动敌人的将帅,伪装假象迷惑敌人,敌人就会听从调动。③予之,敌必取之:投其所好引诱敌人,敌人就会来夺取。④以利动之,以卒待之:用小利去调动敌人,用重兵来等待掩击它。

道理

洞察强弱之势,对对垒双方至关重要。

3. 一鼓作气

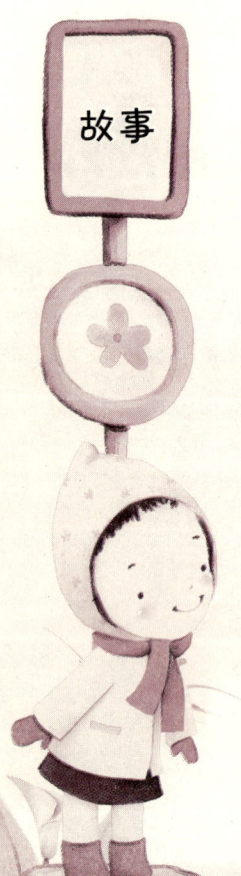

春秋时期，齐国发兵攻打鲁国。当时，齐国强大，鲁国弱小，双方实力悬殊，鲁庄公不知怎么办才好。

曹刿(guì)，是一个深通兵法的爱国者，他得悉齐国发兵来犯，就毛遂自荐见了庄公。他提出，取信于民，是战前重要的政治准备，也是获得胜利的可靠保证，并且要求作战时允许他一块儿去。于是鲁庄公跟他共乘一车，与齐军战于长勺（在今山东省曲阜以北的野外）。

第一通鼓响，齐军实行双车编组，从左右两翼同时出车，以双鳌的阵形夹击鲁阵。庄公也准备擂鼓出击，曹刿阻止道："等一等。"命令鲁国军队采取守势，收拢战车，成圆形环阵，环内车辆错落有致，步卒依托战车，坚守阵地，并把箭雨像飞蝗一样射入齐军，迟滞对方的攻势。在箭雨中，一些齐国的马拉的战车还没等靠近鲁阵，就先中了箭，人仰马翻。受此影响，齐国战车发生拥堵，进攻的态势被迫减弱。

齐军见一冲不能奏效，就擂动第二通战鼓，后续进攻的车辆裹着掉头回撤的战车，又向铁桶一般的鲁军车阵冲过去。庄公又准备擂鼓出击，曹刿阻止道："等一等。"命令鲁军以兵车和箭雨抵住对方的攻势。齐军攻势再次受阻，阵营一片混乱。好不容易整理好队列，擂响第三次冲锋鼓，但是迎来的还是箭雨，鲁军仍然是按兵不动。经过如此几番折腾，齐军泄气了，战车队列紊乱不堪，人困马乏，斗志沮丧。

看到时机来了，曹刿大喊一声："敌人锐气已竭，擂鼓冲啊！"鲁军战鼓一响，鲁国士兵直扑敌阵，猛不可挡，把队不成列的齐军冲得弃甲丢盔，全线溃败。

战后，鲁庄公请教曹刿，曹刿笑笑说："打仗，是要靠勇气的。擂第一通鼓时，士兵们的勇气最足，如果这时不交锋，到再擂一通鼓时，勇气就有些衰落了，到第三通擂鼓，勇气就全部消失了。他们的勇气消失了，我们则一鼓作气，斗志昂扬，所以打败了他们。"

智勇谋略

原文

故三军可夺气,将军可夺心。是故朝气锐,昼气惰,暮气归。故善用兵者,避其锐气,击其惰归,此治气①者也。以治②待乱,以静待哗③,此治心者也。以近待远,以逸待劳,以饱待饥,此治力④者也。无邀⑤正正⑥之旗,勿击堂堂⑦之陈⑧,此治变⑨者也。

（《孙子·军争》）

注释

①治气:指掌管军队士气的方法。②治:严整有序。③哗:喧哗不安。④力:指战斗力。⑤邀:迎击。⑥正正:严整。⑦堂堂:强大的样子。⑧陈:阵容。⑨变:机变。

这段原文的意思是：对于敌人的军队,可以打击它的士气,使之士气低落颓废,对于敌人的将领可以搅乱他的决心。军队早晨士气旺盛,中午士气懈怠,傍晚时士气衰竭。所以善于用兵的人,要避开敌人初来时的锐气,等待敌人松懈疲惫时再去打它,这是掌握军队士气的方法。用自己的严整等待敌人的混乱,用自己的镇静等待敌人的浮躁,这是掌握将领心理的方法。用自己的部队接近战场等待敌人的远道出击,用自己部队的安逸休整等待敌人的奔走疲劳,用自己部队的饱食等待敌人的饥饿,这是掌握军队战斗力的方法。不去拦击旗帜整齐的敌人,不去攻击阵容强大的敌军,这是掌握机动变化的方法。

道理

处在紧要关头时,气可鼓而不可泄,若一鼓作气去做,则容易成功。

4. 假道伐虢

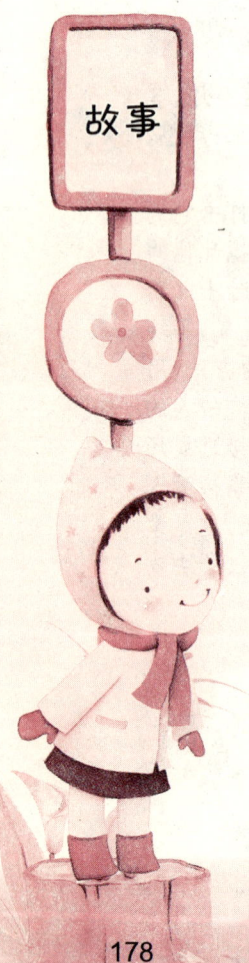

故事

春秋初期，晋献公想吞并南面的两个小国——虢（Guó）国和虞国。但是虞和虢这两个国家之间的关系不错，晋如袭虞，虢会出兵救援；晋若攻虢，虞也会出兵相助。如何使自己避免陷于两线作战，晋献公苦恼不堪。

这时，晋国大夫荀息献出一条妙计：用厚礼重宝贿赂收买虞公，拆散虢、虞之间的同盟，向虞国借道攻打虢国。晋献公一听大喜，但转念之间又顾虑重重：一是舍不得自己的珍宝，二是怕虞国那位贤臣宫之奇会识破晋国的用心。荀息笑笑劝解晋献公道："大王放心，只不过让他暂时保管珍宝罢了，等灭了虞国，一切不都又回到您的手中了吗？至于宫之奇，虽有些本领，但他的意见虞公不一定会采纳，不足为惧。"一番话使献公的疑虑全消，便依计而行。

不久，荀息携带着良马、美玉等奇珍异宝出使虞国，向虞公正式提出借道攻虢的要求。虞公得到良马美玉，高兴得嘴都合不拢，答应了晋国的请求。虞国大夫宫之奇认为此事大为不妥，在一旁加以劝阻，但虞公根本就听不进去。

公元前658年夏，晋大夫里克、荀息统率晋国军队通过虞国的土地去攻打虢国，进展十分顺利，很快攻占了虢国的下阳（今山西平陆一带），一举控制了虢、虞之间的战略要地，并通过此事进一步摸清了虢、虞两国的虚实，为下一步行动创造了条件。

时隔三年，晋献公又一次向虞国提出了借道伐虢的要求。这时宫之奇更透彻地看清了"假道"背后所包藏的险恶用心，再三劝说虞公，可是虞公利欲熏心，根本不采纳宫之奇的建议。

这次晋献公亲自统军，借道虞国攻打虢国，很快取得了胜利。班师回国时，晋献公把劫夺的财产分了许多送给虞公，虞公更是大喜过望。晋军大将里克这时装病，称不能带兵回国，暂时把部队驻扎在虞国京城附近,后乘虞国不防备,发动突然袭击,生俘虞公,轻而易举地灭掉了虞国,最终达到了吞并两国的目的。

原文

兵者,诡①道也。故能而示之不能,用而示之不用,近而示之远,远而示之近。利而诱之,乱而取之,实而备之,强而避之,怒而挠②之,卑而骄之,佚③而劳之,亲而离之。攻其无备,出其不意。此兵家之胜,不可先传也。

(《孙子·计》)

注释

①诡:诡谲,诡计多端。与道德上的诡诈不同,但也确有欺骗敌人的意思在内。②挠(náo):挑逗。③佚(yì):安逸。

这段原文的大意是:用兵,是一种奇诡的行动。所以,能打,装作不能打;想打,装作不想打;要向近处,装作向远处;要向远处,装作向近处。给敌人以小利,去引诱他;迫使敌人混乱,然后攻取他;敌人力量充实,就要防备他;敌人兵力优盛,就要避免决战。激怒敌人,却屈挠他;卑辞示弱,使敌人骄傲;敌人休整得好,要设法使他疲劳;敌人内部和睦,要设法离间他。要在敌人没有防备的地方发动攻击,在敌人意料不到的时候采取行动。这是军事家取胜的奥妙,是根据随时变化的情况临机应变,不能事先规定。

道理

做人要有远见,知轻重,万不可因贪图小利而损害大局。

5. 孙膑用兵

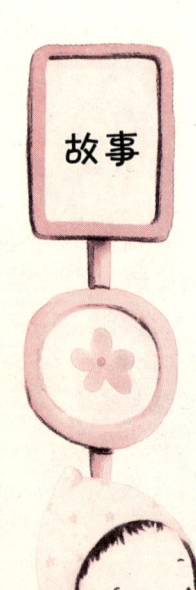

故事

战国中期,逐渐强大起来的魏国不断对邻国发动战争。

公元前354年,魏国大将庞涓引兵攻打赵国,包围了赵国国都邯郸。于是,赵国向齐国求救,齐威王派田忌为将、孙膑为军师率军西来,矛头直指魏都大梁(今河南开封)。庞涓闻讯立即回师自救,孙膑(bìn)在魏军南撤必经之地桂陵(今河南长垣)设伏,大败魏军,史称"桂陵之战",也称"围魏救赵"。

公元前341年,魏惠王又派庞涓联合赵国引兵伐韩,包围了韩国国都新郑(今属河南省),韩昭侯求救于齐国。齐王派田忌、田婴、田盼为将,孙膑为军师,率军经曲阜、亢父(今山东济宁),由定陶进入魏国边境,矛头直指与魏都大梁近在咫(zhǐ)尺的外黄(今河南民权县)。庞涓闻讯,赶忙放弃韩国而回。

魏惠王深恨齐国一再干预魏国的大事,便以庞涓为将,太子申为上将军,随军参与指挥,誓与齐军决一死战。

孙膑见魏军来势凶猛,而且敌我力量悬殊,便决定欲擒故纵,引诱庞涓上钩。他命令军队由外黄向马陵方向撤退,马陵沟深林密,道路曲折,适于设伏。孙膑命令兵士第一天挖10万个做饭的灶坑,第二天减为5万个,第三天再减为3万个。庞涓一见大喜,认为齐军撤退了3天,兵士就已逃亡过半,便亲率精锐之师兼程追赶,天黑时赶到马陵,命兵士点燃火把照路。火光下,只见一棵大树被剥去一块树皮,上面写着"庞涓死于此树之下"8个大字。庞涓顿悟中计,刚要下令撤退,齐军伏兵已是万箭齐发。魏军进退两难,阵容大乱,自相践踏,死伤无数。庞涓自知厄运难逃,大叫一声:"一着不慎,让这小子成名!"遂拔剑自刎。齐军乘胜追击,魏军兵败如山倒。齐军生擒太子申,大获全胜。此战史称"马陵之战"。

此后,魏国由盛转衰,孙膑却因善于用兵而名扬天下。

原文

其过失,无敌①深入,偕险绝塞,民倦且饥渴,而复遇疾,此败道也。故将使民若乘良马者,不可不齐②也。

(《商君书·战法第十》)

注释

①无敌:怠慢、轻视敌人。②齐:分辨。

这段原文的大意是:用兵的错误,要害是轻敌冒进,使军队背靠险地,渡过边塞,使众人疲倦而饥渴交加,再加上遇到疾病流行,这是错误的用兵方法。所以将领役使民众像骑一匹马似的,不能不弄明白啊。

道理

把握好时机,重视自己的对手,条件不成熟就不急于行事,这样可以避免一些不必要的失败。

6. 展喜犒齐师

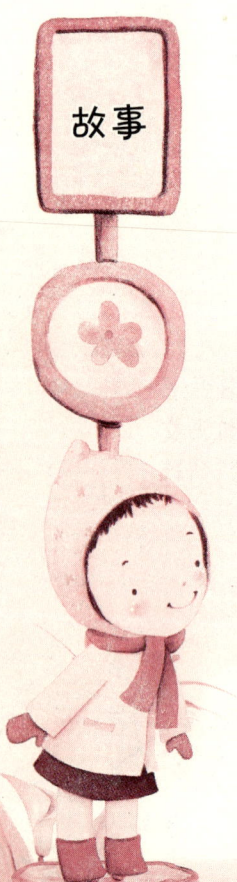

故事

夏天，齐孝公领兵攻打鲁国北部边境。鲁国提前得知消息后，鲁僖公派遣展喜去犒(kào)劳齐国军队，表面上是送些东西，其实是进行外交活动。

齐孝公还没有进入鲁国国境，展喜就出境去面见了齐孝公，非常诚恳地对他说："我们国君听说您亲劳大驾，将要屈尊光临敝国，特派我来犒劳您的兵士们。"齐孝公听了非常骄傲地说："鲁国人害怕吗？"展喜很坦然地回答说："普通的平民百姓害怕，但那些有修养的君子大人不害怕。"

对此，齐孝公感到很奇怪，说："你们的百姓家中空空荡荡，一贫如洗，田野里光秃秃的连青草都没有，你们凭什么不害怕我们大军压境？"

展喜回答说："我们看起来没有什么可以依赖的，但是凭借着先王的命令就让我们高枕无忧了。从前周公和齐太公辅佐周王室，在左右协助周成王。周成王慰劳他们，还跟他们设立盟约，盟约上说：'世世代代的子孙都不要互相残害！'这个盟约至今保存在盟府里，由太史掌管着。"

展喜停了一下，接着说："齐桓公在位时，一心要实践这个盟约，因此他召集各诸侯，商讨解决他们的纠纷，弥补他们的过失，救助他们的灾难。等到您当上国君，诸侯们都盼望着说：'他会继承齐桓公的功业！'我们一个小小的国家，虽不能聚众保城，但人们也都说：'难道他继承齐桓公之位才九年，就丢弃祖命，放弃职责吗？他怎么对先君交待呢？他一定不会这样做的。'凭借这一认识，人们就不害怕。"

齐孝公听了，自知出师无名，于是就领兵回国了。

原文

夏，齐人伐我北鄙①。

（《春秋·僖公二十六年》）

注释

①鄙：偏远的边疆。

道理

轻率地背弃盟誓，做事难免理不直、气不壮、行不正。

7. 烛之武退秦师

故事

公元前630年，晋文公重耳为了报复郑国当年的无礼之举，便联合秦穆公围攻郑国，一时间郑国兵临城下，大有黑云压城城欲摧的态势。

郑文公在走投无路的情况下，只得请烛之武设法解围。烛之武推辞一番，最后还是以国事为重，当夜，便叫人用粗绳子把他从城头上吊下去，私下会见秦穆公。

晋国和秦国是两个大国，他们之间本不和谐，常常明争暗斗，烛之武巧妙地利用了他们的矛盾。他谦卑地对秦穆公说："秦、晋两国围攻敝国，敝国已经知道就要灭亡了，如果敝国灭亡对您有好处，那就值得烦劳您的军队来打。可惜的是，敝国国土跟贵国并不相连，敝国在东，贵国在西，中间隔着一个晋国。所以，敝国亡了之后，只能就近并入晋国的版图。那时，和贵国相邻的晋国可就要强大了，而贵国也就要相对地显得比晋国弱了。我不明白，您何必灭亡敝国，增强晋国的实力而削弱贵国的实力呢？"秦穆公听了这番话，大吃一惊，半天沉吟不语。

烛之武似乎猜到了秦穆公的心思，凑近秦穆公说："如果贵国不灭亡敝国的话，对我们两国来说，就会出现'双赢'的局面。敝国固然可以保全，而贵国更是好处多多。贵国使者在东方道路上往来经过的时候，敝国一定会尽东道主的心意，好好招待贵国使者，为他们提供食宿给养。可以这样说，贵国撤军，只有好处没有坏处。"秦穆公听了，不觉露出了微笑。

烛之武见火候已到，便对秦穆公说："再说，晋国的狼子野心，您是比我更清楚的。他哪里有满足的时候呢？他在东边灭了敝国，难道就不想向西扩张损害您的利益吗？您还记得吧，当年您曾对晋惠公有恩，他答应给您焦、瑕两地，可是他早晨刚刚渡河回国，晚上就在那里筑城防御。从历史和现实看，晋国一直都是这样忘恩负义，到时候利益受损伤的还是秦国。"

秦穆公越听越觉得有理，便率领秦军大队悄悄撤离回国了。

原文

孙子曰：凡用兵之法，全①国②为上，破国次之；全军为上，破军次之；全旅为上，破旅次之；全卒为上，破卒次之；全伍为上，破伍次之。是故百战百胜，非善之善者也；不战而屈人之兵，善之善者也。故上兵伐谋，其次伐交，其次伐兵，其下攻城。攻城之法，为不得已。

（《孙子·谋攻》）

智勇谋略

注释

①全：这里作动词，指完全地占有。②国：春秋时期的国，主要指国都而言，后世指整个国家。

本段原文的大意是：孙子说，大凡用兵打仗，其指导原则是，使敌国举国降服为上策，攻破或打败敌国就差些。使敌人全军完整地降服是上策，击破敌人的军队就差些。（下面几句意思相近。"军"与"旅""卒""伍"均为古代军队的编制单位，15500人为军，500人为旅，100人为卒，5人为伍。）因此，百战百胜还不算是高明的用兵之举中最高明的。不通过交战就能迫使敌人屈服，才算是高明的用兵之举中最高明的。所以，用兵打仗，其策之上者，是在未战之前就挫败敌人的计谋；其次是从外交上挫败它，使它孤立无援；再次就是在战阵间打败它，最下策就是攻打敌人的城池了。攻城的办法，是不得已而为之。

道理

站在对方的立场陈述利害，点明后果，能够有力地说服对方。

8. 子鱼论战

故事

楚军为了援救郑国就去攻打宋国,宋国的国君宋襄公准备迎战,这时宋国的大臣劝阻他,但是宋襄公执意不听。

宋襄公领兵和楚军在泓水这个地方交战。

宋军早早来到阵地,排好队列,严阵以待。这时楚军在泓河的对面开始渡河。宋国的大臣子鱼说:"楚军的人多,我们人少,趁他们尚未全部渡河,请下令趁机攻击他们吧!"

宋襄公说:"不行。"

宋军就这么在阵地上等着楚军上岸,等楚军全部渡河上岸了,但尚未排好队列的时候,子鱼又来报告宋襄公:"趁敌人立足未稳,赶紧攻打,请下命令吧!"

宋襄公说:"还不行。"

于是宋军仍然按兵不动,眼巴巴地等到楚军排好了阵势,然后才攻击他们。

结果可想而知,宋军失去了战机,想以弱占强,当然溃不成军。在这次战役中,宋国国君襄公腿部也受了伤,宋国的侍卫官也全部被歼。

宋国打了大败仗,在宋国引起了强烈的反响,举国上下都在指责国君襄公太迂腐。而宋襄公却振振有词地说:"君子不再伤害已经受伤的人,不俘虏头发花白的人。古代领兵作战,不凭借险隘的地形阻击敌人。我虽然是亡了国的殷商后裔,也不攻击没有排好队列的军队。"

子鱼听后说:"君王不懂得作战。强敌的军队,在险隘的地方不能成列,这是上天帮助我们,阻敌于险地而进攻他们,不也是可以的吗?就这样还怕不能取胜呢。而且现在我们面对的是我们的敌人,即使他们年纪很大,俘虏了就要夺过来,管他什么头发花白?敌人负伤但还未到死的程度,怎么不能消灭他们?要是舍不得去消灭受伤的敌人,那就应当一开始不去伤害他们;要是怜惜他们当中头发花白的人,那就应当向敌人投降。时机有利而指挥军队进攻,阻敌于险地是可以的,攻击未成列的敌人也是可以的。"

这就是历史上著名的"子鱼论战"的故事。

原文

冬十有一月①己巳朔,宋公②及楚人战于泓(Hóng)③,宋师败绩。

(《春秋·僖公二十二年》)

注释

①十有一月:11月。 ②宋公:宋襄公。
③泓:河名,在今河南省柘城县北。

道理

死搬教条是极其迂腐的行为,必将导致失败。

9. 伍子胥败楚

故事

伍子胥，是春秋时期楚国人。他性格刚强，小的时候就学文习武。因为遭楚国的太子少傅费无忌迫害，他的父亲和兄弟都被楚王杀掉了，自己只身一人逃到吴国。他发誓在有生之年一定要灭掉楚国，来报杀父杀亲之仇。

伍子胥来到吴国后，被人介绍给王子光。王子光见到伍子胥，很讨厌他的相貌，不听他讲话就谢绝了他。后来王子光的门客就让伍子胥站在帷幕后面，让王子光和他交谈。伍子胥话刚说了一半，王子光就掀起帷幕，握住伍子胥的手，大有相见恨晚之势。伍子胥认为王子光是个重视贤才、有志向的人，以后登上君位、享有吴国的，必定是他。于是回去后便到乡间耕作去了，等待时机干一番大事业。

过了七年，王子光刺杀了吴王僚，自己做了吴王，这就是吴王阖闾。他一上台，就任用了伍子胥，伍子胥也竭尽全力辅佐吴王。他修整法制，选用贤能的人才，挑选出精壮的士兵，举行军事演习。在他的辅佐下，吴国政治安定，百姓丰衣足食，军事力量雄厚，成为东南地区的一大强国。

为了和中原诸侯争霸，吴王在伍子胥和孙武的建议下，决定出兵攻楚，以解决楚国对吴国形成的威胁。伍子胥把吴军分为三部，轮番出兵，引诱楚国全军出战。楚军迎战，吴军就退兵；楚军退兵，吴军就进攻。这样一来，楚军完全处于被动的局面，天天疲于奔命，实力被大大削弱。

伍子胥辅佐吴王的第六年（公元前506年），吴国大举发兵，深入楚国腹地，在柏举（今湖北麻城东北）打败了楚军主力。吴军九战九胜,追赶楚国的败军追了千余里,并长驱直入,攻占了楚国都城郢,楚昭王出奔逃到随国去了。

智勇谋略

原文

伍子胥以为有吴国者,必王子光也,退而耕于野。七年,王子光代吴王僚为王。任子胥,子胥乃修法制,下贤良①,选练士,习战斗。六年,然后大胜楚于柏举。九战九胜,追北②千里。昭王出奔随,遂有③郢(Yīng)。

(《吕氏春秋·孝行览第二·首时》)

注释

①下贤良:礼贤下士。②北:败,这里指败逃的军队。③有:攻取,占领。

道理

我们应该重视时机到来的那一刻,更应重视时机到来之前的等待与准备。

10. 秦穆公智擒戎王

秦国本是周朝初期的一个小诸侯国,地处偏僻的西部地区。当时,在今陕西、甘肃、宁夏一带,生活着许多戎狄的部落,他们经常骚扰秦国的边境,掠夺牲畜和粮食,甚至把边境地区的老百姓都抓去做奴隶,给秦国带来了深重的苦难。

到了秦穆公的时候,戎人的势力更强大。想干一番大事业的秦穆公一想到戎族部落的威胁,就如鲠(gěng)在喉,如芒在背,决心除掉他们。他和大臣们精心谋划,决定智取西戎。

当时西戎部落里要数绵诸部落最为强大了,绵诸王就住在秦国的边疆附近。刚好绵诸王也听说秦穆公很贤能,就派遣了使者出使秦国。秦穆公派人隆重地接待了来使,让他参观了秦国富丽堂皇的宫殿,向他展示了自己丰厚的积蓄,用好酒好肉款待他们,把他们挽留在了秦国,并向他们打探西戎的地形和军事部署。同时,秦穆公又给绵诸王送去28人组成的女子乐队和一些技艺精湛的厨师。

绵诸王收到礼物后十分高兴,整天沉湎于美妙动听的舞乐之中,大享耳眼之福,而且又有高明的厨师为他做出一道道精美的饮食,因而不管白天黑夜,绵诸王不停地大吃大喝,饮酒享乐,不再理政事了,连国内大批牛马死亡了也不加过问。有大臣劝谏,都被他责骂,如果左右有谁提醒他再这样下去,秦军就会打来了,他就拿弓射他。很多大臣见他如此昏庸,都纷纷离他而去。

秦穆公见时机已到,便发兵进击绵诸部落。秦军抵达绵诸王的王宫时,绵诸王正喝得酩酊(mǐngdǐng)大醉,躺在酒樽下面睡觉呢,他在糊里糊涂的时候就被秦兵捆住活捉了。

绵诸王被捉以后,自己还睡在梦里,仍然不知道已经被捉,可谓麻痹到了极点。

智勇谋略

原文

秦缪公①时,戎强大。秦缪公遗(wèi)②之女乐二八与良宰③焉。戎主大喜,以其故数④饮食,日夜不休。左右有言秦寇之至者,因扞(hàn)⑤弓而射之。秦寇果至,戎主醉而卧于樽下,卒生缚而擒之。未擒则不可知,已擒则又不知。

（《吕氏春秋·贵直论第三·壅塞》）

注释

①秦穆公:即秦穆公。②遗:赠送。③良宰:优秀的厨师。④数:屡次,多次。⑤扞:拿。

道理

用享乐瓦解敌方的斗志,有时比枪炮更有力量、更彻底。